JCFV-**SCHORESCH**®
Zürich und Frankfurt

Zum Titelbild

Der rekonstruierte Bogen der Hurva-Synagoge in Jerusalem steht symbolisch für **SCHORESCH**. Auf dem starken Fundament biblischer und jüdischer Überlieferung baut **SCHORESCH** den Bogen vom jüdischen zum christlichen Denken. Dadurch entsteht eine Verbindung, die jedoch beide Seiten in ihrer eigenen Ausprägung bestehen lässt

Susanne Schmid-Grether

Jesus der Jude

Band 1

Neutestamentliche Texte auf dem jüdischen Hintergrund
neu gelesen und verstanden

JCFV - SCHORESCH
8620 Wetzikon/ZH

ISBN 3-9521622-3-X

Jesus der Jude Band 1
4. neu bearbeitete Auflage November 2001

© JCFV-SCHORESCH
Jüdisch-Christliche Forschung und Versöhnung, CH-8620 Wetzikon/ZH
Herstellung: Books on Demand (Schweiz) GmbH

Inhalt

Vom Sinai bis Golgatha

Die Zahlen in Klammern beziehen sich auf die Nummern der Fachzeitschrift
SCHORESCH

Vorwort des Rabbiners

Wenn man den Gesamtplan dieser Bände anschaut und beginnt, einige Seiten zu lesen, wird dem Leser bald klar, dass es der Verfasserin weder darum geht, die Aussagen des Neuen Testaments und die Person Jesu für das Judentum zu gewinnen resp. "heimzuholen", noch einen "jüdischen Jesus" zu zeichnen. Sie zeigt anhand von Quellen und aufgrund einer eingehenden Analyse die geschichtlichen Zusammenhänge auf und bringt die Tatsache näher, dass der Ausgangspunkt für jedes Jesuswort der Jude Jesus in seiner Umwelt sein muss.

David Kaufmann, der grosse jüdische Gelehrte schrieb im Jahre 1895: *"Immer gebieterischer macht die Wahrheit sich vernehmbar, dass das Neue Testament ohne die Kenntnis des jüdischen Mutterbodens, auf dem es erwachsen ist, ein Buch mit sieben Siegeln ist"* (Gesammelte Schriften Band I, Frankfurt/M. 1908, S. 36). Übereinstimmend mit Kaufmanns Sichtweise untersucht die Autorin sowohl die Person Jesu wie die zentralen Aussagen des neuen Testaments. Die Analyse geschieht durch eine konstante Bezugnahme auf die hebräisch-jüdische Traditionsliteratur. Dadurch erscheinen zahlreiche neutestamentliche Aussagen, sowie die geschichtlichen Informationen über die zeitgenössische jüdische Umwelt in einem noch helleren religionshistorischen Licht. Die Aufsätze bieten einen beachtenswerten Beitrag zur Erforschung der Frühzeit des entstehenden Christentums und zeichnen sich durch sorgfältige Quellenforschung und durch klare, flüssig lesbare Darstellung aus. Das Buch leistet im theologischen Gespräch und darüber hinaus im Alltag

einen guten Dienst. Der Gewinn neuer Aspekte, das Auf-
sprengen so mancher Konventionen machen dieses Buch
lehrreich und spannend.

St. Gallen, im Oktober 2001

Hermann I. Schmelzer

Rabbiner der Jüdischen Gemeinde St. Gallen und

Lehrbeauftragter an der Universität St. Gallen

Vorwort zur 4. Auflage

1997 erschienen erstmals 18 Ausgaben der Fachzeitschrift
SCHORESCH als Buch unter dem Titel "*Jesus der Jude oder
warum Nikodemus bei Nacht kam*". Inzwischen sind drei
Auflagen des Buchs verkauft. Das grosse Interesse hat uns
bewogen, die 4. Auflage um mehr als das Doppelte zu
erweitern und die ersten 50 Ausgaben der Fachzeitschrift
SCHORESCH aufzunehmen. Ich habe alle Texte überarbeitet,
mit den neuesten Forschungsergebnissen ergänzt und sie
thematisch gegliedert. So sind aus dem einen Buch zwei
Bände geworden - eine Art **SCHORESCH**-Kompendium.
Das Anliegen ist immer noch dasselbe: Die jüdischen Wurzeln neutestamentlicher Texte aufzuzeigen und dadurch
neue Perspektiven zu eröffnen, die zu einem vertieften Verständnis der biblischen Botschaft führen. Durch die Trennung von Kirche und Synagoge im 2. Jh. n. Chr. hat sich die
Kirche, und damit auch die christliche Theologie, von ihrem
jüdischen Hintergrund gelöst. Das hat es mit sich gebracht,
dass die Kirche eigene und somit zum Teil falsche Wege
gegangen ist. Als Folge davon haben wir als Christen über all
die Jahrhunderte verlernt, das Ältere und vor allem das
Neue Testament mit den Ohren der damaligen jüdischen
Zuhörer zu hören und zu verstehen. Dadurch kam es zu der
irrtümlichen Meinung, dass Jesus etwas ganz Neues und
Anderes gelehrt habe und das Judentum damit überholt sei.
Das ist ausgesprochen oder unausgesprochen die Haltung
vieler Christen. Auf diese Weise hat sich viel Antisemitismus
in unser Bibelverständnis eingeschlichen, Antisemitismus,
dessen wir uns oft nicht bewusst sind. Viele Aussagen und

VI

Handlungen Jesu können wir nicht in ihrer ganzen Tiefendimension verstehen, weil wir keine Kenntnis der jüdischen Lebens- und Denkweise der damaligen Zeit mehr haben. Das Neue Testament ist aber ein durch und durch jüdisches Buch, das von seinem jüdischen Hintergrund her verstanden sein will. Es gilt, den reichen Schatz jüdischer Überlieferung wieder neu zu entdecken und damit zu den Wurzeln der neutestamentlichen Überlieferung zurückzukehren. Dieser ganz andere Zugang zu biblischen Texten steht jedoch oft im Gegensatz zu den gewohnten christlichen Traditionen und Normen. In diesem Sinne sind die beiden Bände eine Herausforderung, sich immer wieder kritisch mit den eigenen Glaubensüberzeugungen auseinander zu setzen und ab und zu auch Altes über Bord zu werfen.

An dieser Stelle möchte ich auch allen ganz herzlich danken, die an diesem Buch mitgearbeitet haben. Ganz besonders Ruth Würsch, die unermüdlich an der Gestaltung gearbeitet hat und meinen Eltern, die einen grosszügigen Beitrag an die Kosten der Drucklegung geleistet haben. Ebenso unserem Lektor, der die Korrekturlesung speditiv und mit äusserster Genauigkeit ausgeführt hat.
Wetzikon, im Oktober 2001

Susanne Schmid-Grether

Jesus der Jude

In der frühen Geschichte der christlichen Kirche wurden die Differenzen zum Judentum bewusst betont; die Kirche wollte ihr Selbstverständnis nicht von der ungeheuren Verpflichtung dem Judentum gegenüber gewinnen, sondern aus dem Gegensatz zum Judentum. Mit dem Aufkommen des Christentums und seiner Ausbreitung in der griechisch-römischen Welt bemächtigten sich Heidenchristen der Bewegung und leiteten einen kontinuierlichen Prozess der Anpassung an den Geist eben jener Welt ein. Das Ergebnis war eine bewusste oder unbewusste Entjudaisierung des Christentums, die das Denken der Kirche und ihr inneres Leben ebenso beeinflusste wie ihr Verhältnis zur gegenwärtigen und vergangenen Realität Israel, das Vater und Mutter zugleich für die Christenheit ihrem eigentlichen Wesen nach ist. Die Kinder standen nicht auf und nannten ihre Mutter gesegnet, statt dessen nannten sie die Mutter blind.

Abraham J. Heschel

2

1. Jesus der Jude

Der über Jahrhunderte andauernde Prozess der Entjudaisierung des Christentums, wie es Abraham Heschel beschreibt, hat auf christlicher Seite ein völlig verzerrtes Bild des Judentums geschaffen. In der christlichen Auffassung ist der jüdische Glaube daher oft zur Werkgerechtigkeit und Selbsterlösungsreligion verkommen. Weg und Ziel jüdisch-christlicher Forschung ist es, aufgrund der jüdischen Quellen die Weltanschauung und das Bibelverständnis des 1. Jh. n. Chr. freizulegen und auf der Basis jüdischer Überlieferung und jüdischen Bibelverständnisses eine andere Perspektive neutestamentlicher Texte aufzuzeigen.

Wichtigstes Arbeitsmaterial bilden die alten jüdischen Quellen: die Mischnah, der Talmud und die zahlreichen Midraschim.

1.1 Die jüdische Überlieferung

Die Mischnah

Mischnah kommt vom hebräischen Wort שָׁנָה - schanah, "wiederholen". Das heisst, dass man durch wiederholtes Vorsagen das mündlich Überlieferte lernt oder lehrt. Das ist der Vorgang des Auswendiglernens.

Im Besonderen meint das Wort Mischnah jedoch die mündliche Torah, d.h. die Auslegung und Konkretisierung der Gebote durch die Schriftgelehrten. Im Gegensatz zur Bibel, dem Wort Gottes, wurde die Mischnah immer nur mündlich überliefert und erst um ca. 200 n. Chr. schriftlich fixiert, weil man befürchtete, dass die Überlieferungen sonst verloren gehen könnten. Nach jüdischer Tradition wurde die Mischnah als mündliche Torah (Gesetz), zusammen mit der schriftlichen Torah (den Geboten), dem Mose von Gott am Sinai übergeben.

Die Mischnah besteht aus sechs Hauptabteilungen (Ordnungen). Jede dieser sechs Ordnungen hat 7 bis 12 Traktate. Die Traktate sind unterteilt in Kapitel und Lehrsätze (Verse).

ist nur ein Sündopfer schuldig [1]. Wer das Grundgesetz vom Sabbath kennt, und mehrere Arbeiten an mehreren Sabbathen [2] verrichtet hat, ist ein Sündopfer für jeden Sabbath schuldig. Wer sich bewusst ist, dass der Tag Sabbath ist, und mehrere Arbeiten an mehreren Sabbathen verrichtet hat [3], ist für jede Hauptarbeit ein Sündopfer schuldig. Wer mehrere Arbeiten von einer Hauptart verrichtet hat, ist nur ein Sündopfer schuldig. 2. Die Hauptarbeiten sind vierzig weniger eine, nämlich: Säen, Ackern, Ernten [4], Garben binden, Dreschen, Worfeln, Früchte säubern, Mahlen, Sieben, Kneten, Backen [5]; Wolle scheeren [6], sie waschen, klopfen, färben, spinnen, anzetteln, zwei Binde-Litzen machen, zwei Fäden [7] weben, zwei Fäden trennen, einen Knoten machen, einen Knoten auflösen, mit zwei Stichen festnähen, zerreissen, um mit zwei Stichen festzunähen [8]; ein Reh fangen [9], es schlachten, dessen Haut abziehen, sie salzen, das Fell bereiten, die Haare abschaben, es zerschneiden: zwei Buchstaben schreiben [10], auslöschen, um zwei Buchstaben zu schreiben; bauen, einreissen [11]. Feuer löschen, anzünden [12], mit dem Hammer schlagen [13], aus einem Bereiche in einen anderen tragen [14]. — Dies sind die Hauptarbeiten vierzig weniger eine [15].

אֶלָּא חַטָּאת אֶחָת. הַיּוֹדֵעַ עִקַּר שַׁבָּת
וְעָשָׂה מְלָאכוֹת הַרְבֵּה בְּשַׁבָּתוֹת
הַרְבֵּה. חַיָּב עַל כָּל שַׁבָּת וְשַׁבָּת.
הַיּוֹדֵעַ שֶׁהוּא שַׁבָּת וְעָשָׂה מְלָאכוֹת
הַרְבֵּה בְּשַׁבָּתוֹת הַרְבֵּה. חַיָּב עַל כָּל
אַב מְלָאכָה וּמְלָאכָה. הָעוֹשֶׂה
מְלָאכוֹת הַרְבֵּה מֵעֵין מְלָאכָה אַחַת.
אֵינוֹ חַיָּב אֶלָּא חַטָּאת אֶחָת׃
ב אֲבוֹת מְלָאכוֹת אַרְבָּעִים חָסֵר
אַחַת. הַזּוֹרֵעַ. וְהַחוֹרֵשׁ. וְהַקּוֹצֵר.
וְהַמְעַמֵּר. הַדָּשׁ. וְהַזּוֹרֶה. הַבּוֹרֵר.
הַטּוֹחֵן. וְהַמְרַקֵּד. וְהַלָּשׁ. וְהָאוֹפֶה.
הַגּוֹזֵז אֶת הַצֶּמֶר. הַמְלַבְּנוֹ. וְהַמְנַפְּצוֹ.
וְהַצּוֹבְעוֹ. וְהַטּוֹוֶה. וְהַמֵּסֵךְ. וְהָעוֹשֶׂה
שְׁתֵּי בָתֵּי נִירִין. וְהָאוֹרֵג שְׁנֵי חוּטִין.
וְהַפּוֹצֵעַ שְׁנֵי חוּטִין הַקּוֹשֵׁר. וְהַמַּתִּיר.
וְהַתּוֹפֵר שְׁתֵּי תְפִירוֹת. הַקּוֹרֵעַ עַל
מְנָת לִתְפּוֹר שְׁתֵּי תְפִירוֹת. הַצָּד צְבִי.
הַשּׁוֹחֲטוֹ. וְהַמַּפְשִׁיטוֹ. הַמּוֹלְחוֹ.
וְהַמְעַבֵּד אֶת עוֹרוֹ. וְהַמּוֹחֲקוֹ.
וְהַמְחַתְּכוֹ. הַכּוֹתֵב שְׁתֵּי אוֹתִיּוֹת.
וְהַמּוֹחֵק עַל מְנָת לִכְתּוֹב שְׁתֵּי אוֹתִיּוֹת.
הַבּוֹנֶה. וְהַסּוֹתֵר. הַמְכַבֶּה. וְהַמַּבְעִיר.
הַמַּכֶּה בַּפַּטִּישׁ. הַמּוֹצִיא מֵרְשׁוּת
לִרְשׁוּת. הֲרֵי אֵלּוּ אֲבוֹת מְלָאכוֹת

---

[1] Das Ganze ist nur ein Irrthum. [2] Sich jedesmal in dem Tage irrend. [3] Indem er nicht weiss, dass diese Arbeit verboten ist. [4] Saaten ernten und Bäume ablesen. [5] Obgleich eigentliches Backen bei den Arbeiten der Stiftshütte nicht stattfand, so ist Backen dem Kochen gleich zu achten, und letzteres war zur Herstellung der Farben, die man brauchte, nöthig; so wie die übrigen genannten Arbeiten als: Säen, Pflügen etc. zur Anfertigung des Färbestoffes nothwendig waren. [6] Wolle scheeren und die folgenden Arbeiten wurden zur himmelblauen Wolle u. s. w. gebraucht. [7] Im Einschlag oder Zettel. [8] Fand bei den Teppichen Anwendung. [9] Diese Arbeiten kamen bei den Dachstellen vor. [10] Zur Zusammenfügung der Bretter machte man Buchstaben, um zu wissen, welches Brett zu dem andern gehört. [11] Um zu bauen. [12] Feuer brauchte man, um die Farbekräuter zu kochen. [13] Beim Schlusse der Arbeit pflegt der Arbeiter mit dem Hammer auf den Amboss zu schlagen. [14] Siehe Einleitung und Anfang des Traktats. [15] Obgleich sie auch einzeln aufgezählt sind, soll mit dieser Wiederholung der Zahl angedeutet sein, dass wenn Jemand auch alle Arbeiten in der Welt verrichtet, er nur

Mischnah, 2. Ordnung Moed (Festzeiten)
Traktat Schabbat Kapitel 7, Vers 1f

Der Talmud

Im Wort Talmud steckt die hebräische Wurzel לָמַד - lamad, "lernen". Talmud bedeutet also Studium, aber auch Belehrung und Lehre, v.a. die aus der Bibel kommende Belehrung und somit auch der Schriftbeweis. Der Talmud beinhaltet den Text der Mischnah und deren Auslegung durch die rabbinischen Gelehrten. Diese Auslegung nennt man Gemara von hebr. gamar - נָמַר "vollenden, lernen". Der Talmud enthält also sämtliche Ordnungen und Traktate der Mischnah. Bei jedem Traktat beginnt die Nummerierung mit der Zahl I. Gezählt werden aber nicht die Seiten, sondern die Blätter, Vorder- und Rückseite werden mit a oder b gekennzeichnet.

Wie die Mischnah, wurde auch der Talmud ausschliesslich mündlich weitergegeben. Seine definitive schriftliche Form hat er erst zwischen dem 5. und 8. Jh. n.Chr. erhalten. Sein Inhalt ist jedoch viel älter. Er wurde von Generation zu Generation mit peinlichster Genauigkeit weitergegeben.

Babylonischer Talmud, derselbe Text mit Gemara

Der Midrasch

Midrasch kommt vom hebr. Wort דָּרַשׁ - darasch, was "suchen, fragen" bedeutet. Midrasch ist die eigentliche Bibelauslegung, d.h. er ist immer auch Aktualisierung des Bibeltextes für die Gegenwart. Die Methoden der Auslegung sind jedoch anders, als wir das gewohnt sind. So werden im Midrasch z.B. die in der Bibel fehlenden Details nachgeliefert, damit man auch weiss, wie eine biblische Vorschrift zu verstehen ist. Was uns als fast willkürlicher Umgang mit dem Bibeltext erscheint, entspringt der Auffassung, dass in der Torah alles enthalten ist. Die Bibel ist das Wort Gottes an den Menschen heute. Deshalb ringt der Midrasch damit, dieses Wort Gottes für seine Zuhörer (Leser) zu aktualisieren. Midraschim (Mehrz. von Midrasch) gibt es zu fast allen Büchern der hebräischen Bibel (Älteres Testament). Einige davon sind älter als das Neue Testament und daher für uns von besonderer Wichtigkeit. Sie zeigen uns, wie die Bibel damals verstanden wurde. Aber auch die jüngeren Midraschim enthalten sehr altes Traditionsgut, sodass die gesamte Midraschliteratur für die Auslegung des Neuen Testaments von grosser Wichtigkeit ist.

את העבודה שהיא דוחה שבת, קל וחומר לפיקוח נפש שדוחה השבת. – רבי יוסי
הגלילי אומר, כשהוא אומר, אך את שבתותי תשמרו, יש שבתות שאתה שומר, ויש שבתות שאתה דוחה, אך חלק, יש שבתות שאתה
דוחה, ויש שבתות שאתה שובת. – רבי שמעון בן מנסא אומר, הרי הוא אומר,
ושמרתם את השבת כי קדש היא לכם, לכם שבת מסורה, ואי אתם מסורין לשבת. –

5   רבי נתן אומר, הרי הוא אומר, ושמרו בני ישראל את השבת לעשות את השבת
לדורתם, חלל עליו שבת אחת, כדי שישמור שבתות הרבה.

כי אות היא ביני וביניכם. ולא ביני ובין אומות העולם. – **לדורתיכם.**
שינהוג הדבר לדורות.

לדעת כי אני יי' מקדשכם. למה נאמר, לפי שהוא אומר, ושמרו בני
10   ישראל את השבת, שומע אני אפילו חרש שוטה וקטן במשמע, תלמוד לומר לדעת כי
אני יי', לא אמרתי אלא במי שיש לו דעת. – **כי אני יי' מקדשכם.** לעולם הבא
כגון קדושת שבת בעולם הזה, נמצינו למידין שהיא מעין קדושת העולם הבא. וכן הוא
אומר מזמור שיר ליום השבת, לעולם שכלו שבת.

ושמרתם את השבת. זה הוא שהיה ר' שמעון בן מנסיא אומר, לכם שבת
15   מסורה, ואי אתם מסורין לשבת. – **כי קדש היא לכם.** מגיד שהשבת מוספת
קדושה לישראל, מה לפלוני חנותו נעולה, שהוא משמר את השבת, מה לפלוני בטל
ממלאכתו, שהוא משמר את השבת. <דלא עוד אלא כל מי שמשמר את השבת>, מעיד
למי שאמר והיה העולם, שברא את עולמו בששה ימים ונח ביום השביעי, וכן היא
אומר °ואתם עדי נאם יי' ואני אל.

ישעיה מג יב

מחלליה מות יומת. למה נאמר, לפי שהוא אומר כל העושה מלאכה ביום
20   השבת מות יומת, עונש שמענו, אזהרה לא שמענו, תלמוד לומר ביום השביעי שבת ליי'
אלהיך לא תעשה כל מלאכה, אין לי אלא עונש ואזהרה על מלאכת היום, עונש

1 ריה"ג וכו׳: פ"ו: 2 תשמורו] בא"צ מוסיף יכול לכל
ת"ל וש"ץ: 3 רשב"ם וכו': ובנא׳ תני הך בשם ר' נתן
בר יוסף הֹ חֵך דר' נתן ותני בשם ר"ש בן מנסא ועיין לקמן
רה ושמרתם ח"ז ושמרו: 6 שבתות הרבה] בא"צ מוסיף
מה לפלוני וכו׳ עד ואני אל ומחק כל זה לקמן ש"ם: 7
אומת העולם: ברכת מט: 8 לדורות] ח"ז ספרי במדבר
[פיסקא קטו קמו ורע׳ שם עמ' קנב]: 11 במי שיש לו דעת
ע׳ לעיל מס׳ דבחדש, פ"ו: – מקדשכם וכו׳: הלשון מתוק
יתר במדרשב"י רשם איתא מקדשכם בעוה"ז מעין קדוש
עוה"ב מגיד שקדושת שבת מעין עוה"ב, ועי׳ מ"ו ור"ה לא:
רשב"ם וכו׳: פ"ו: 20 לפי שהוא אומר וכו׳:
פ"ו ועי׳ מס׳ דבחדש, פ"ז:

ודאי – 1 שדוחה] אב שדוחה, אבם שדוחה – 2
הגלילי] מ ח' | כשהוא] ד כשם שהוא | אך] א ח' |
תשמרו] אבך ורא"ם ח' | אבם ורא"ם יש | אב שאנ, מ
שאין אתה – 3 דוחה] אבם ורא"ם שובת | שבתות]
ח' | שאתה] אבך ורא"ם שאין את (רא"ם אתה) | שובת]
בראש"ם ג' ואי זה זה ואי זה זה מקח השבת – 4 אב השבת
ונגר' | מפ שבת (מ השבת) מסורה לכם | אבכם ואין | כ
מפ מסורים – 5 הרי הוא אומר] ד ח' | כ ישר וגר' |
לעשות וכו'] א ונגר' | 6 חלל] א מקח, כ פיקוח | עליו] ד ח' |
כדי] אבך ח' | שישמור] ד שתשמור | א וישמור – 7
ובין] אבך לבין | לדורתיכם וכו' לדורות] אבם ח' – 9

כי אני יי' מקדשכם] אבם ח'| שה"א] מ שנ'| שה"א] מ שני – 10 את השבת] אבם ח', מ וגר'| כי אני יי'] אבם ח'
– 11 לו] אבם בו| כ מקדשכם – 12 קדושת] כ ח'| נמצינו וכו' העה"ב] מ ח'| כ נמצאנו| א שהיא – 13 ממזור] כ
ח' – 14 השבת] אבך כ וגר'| זה] מ ח'| ח'| א זו היא, טל זהו| כ מסורה השבת – 15 אטבכם ואין| ומק מסורין| לשבם
מ כ' כאמור לעיל בזה| כ היא| מוספת] מ ח', מ תוספת| מ ח', מ פלוני| ולק חיני| שחנותו| מה וכי
השבת שהי"ס בא"א| ח'| ח' – 17 ולא עוד אלא] רק אמ| וכל וכי' השבת] רק מ| אבכם לפני מ', טל על מי
אזן| אבכם ח'| בששה| א לששה, מ גר'| ימים] מ ח'| ביום השביעי] אבכבם בשביעי – 19 כ עדיין| נאם יי'] כ ח'
– 20 מח' ח'| א כ| סגר' – 20 שנאמר| מ העושה] זק נ' בו| מלאכה וכר'] מ בו מלאכה יומת (שמות לה ב) אטבכם כ
ח'| מות יומת] רסבכ ח'| שבע וגר' | כ ואזהרה| א ח'| אין לי אלא עונש שמענו| לא שמענו] מ מ מנין| השביעי] מ ה ש בת| שביעי] מ ח' – 22 לא עושה מלאכה] אטבכם
ח', ט וגר'| אין וגר' וכו' מלאכת היום] א ח'| אלהיך עה"ס שרב] מ ח' –

verdrängt, um wie viel mehr (Kal wachomer) verdrängt Lebensrettung
den Sabbat[1]. R. Jose der Galiläer sagt: Entsprechend dem Begriffe,
wie sie (die Schrift) sagt: „Nur meine Sabbate sollt ihr hüten". אך‎, nur",
teilt. Es gibt also Sabbate, welche du verdrängst[2], und es gibt Sabbate,
an welchen du ruhst (eig. welche du sabbatest). R. Simeon ben Menasja
sagt: Siehe es heißt (Ex. 31,14): „Und ihr sollt hüten den Sabbat,
denn Heiligkeit ist er euch", d. i. euch ist der Sabbat übergeben,
nicht aber seid ihr dem Sabbat übergeben. R. Nathan sagt: (Es heißt
hier V. 16:) „Und hüten sollen die Kinder Israel den Sabbat, um zu
tun (üben) den Sabbat für ihre Geschlechter", d. i. entweihe einen
Sabbat, damit du hütest (zu üben vermögest) viele Sabbate[3].

Denn ein Zeichen ist er zwischen mir und zwischen
euch, aber nicht zwischen mir und den Völkern der Welt[4].

Für eure Geschlechter, d. i. daß im Brauch sein (in Kraft
bleiben) soll die Sache (das Gebot) für die Geschlechter.

Zu erkennen, daß ich der Ewige bin, der euch heilig
macht. Wozu ist das gesagt? Weil es heißt (hier V. 16): „Und
hüten sollen die Kinder Israel den Sabbat". Da könnte ich
meinen: selbst der Taube, der Irre (der Blödsinnige) und der Minder-
jährige? Deshalb heißt es: „Zu erkennen, daß ich der Ewige bin",
d. i. ich habe nur hinsichtlich eines solchen gesprochen, welcher Erkenntnis hat[5].

Denn ich bin der Ewige, der euch Heiligkeit macht,
für die künftige Welt, ähnlich wie die Heiligkeit des Sabbats in
dieser Welt. Wir werden lernend erfunden (daraus ergibt sich), daß
sie (die Heiligkeit des Sabbats) von der Art der Heiligkeit der
künftigen Welt ist. Und ebenso heißt es (Ps. 92,1): „Psalm, Lied
für den Tag des Sabbats", d. i. für die Welt, welche ganz Sabbat ist[6].

Kap. 31,14. Und ihr sollt hüten den Sabbat, denn Heiligkeit ist er euch. Das ist es, was R. Simeon ben Menasja gesagt
hat: Euch ist der Sabbat übergeben, nicht aber seid ihr dem
Sabbat übergeben.

Denn Heiligkeit ist er euch. Das zeigt an, daß der Sabbat
Heiligkeit auf Israel hinzufügt (häuft). Was hat N.N., sein Laden

---

[1] Sinn: Man nimmt den Mörder vom Altar weg, um ihn hinzurichten; d. h. man
unterbricht den Opferdienst, um die Bestrafung wegen eines vernichteten Menschenlebens zu vollziehen. Man wird um so mehr den Opferdienst unterbrechen dürfen,
um ein gefährdetes Menschenleben zu erhalten. Da aber der Opferdienst das Sabbatgebot verdrängt, also wichtiger als dieses ist, wird man für Erhaltung eines Menschenlebens das Sabbatgebot gewiß außer acht lassen dürfen. Diese Ansicht des R. ʿAkiba
deckt sich mit der des R. Simeon ben Menasja. Vgl. oben Par. Mischpatim, Abschn. 4
zu: „Von meinem Altar hinweg sollst du ihn nehmen", Ende.

[2] Nämlich wenn es sich um die Erhaltung eines Menschenlebens handelt.

[3] Errette einen Menschen vom Tode, selbst wenn du einen Sabbat entweihen
mußt, damit dieser Errettete dann viele Sabbate halten könne.

[4] Die Völker kennen nicht den Segen eines Ruhetages in der Woche.

[5] Betreffs der Minderjährigen vgl. Parascha Bachodesch (Jithro) 7. Abschn. zu:
„Du und dein Sohn und deine Tochter".

[6] Welche Seligkeit muß den Israeliten der Sabbat gewesen sein, wenn sie sich die
Seligkeit des Jenseits unter dem Bilde der Sabbatseligkeit vorgestellt haben! Aus
dieser Vorstellung erklärt sich die Einschaltung im Tischgebet für den Sabbat: „Der
Barmherzige, er gebe uns zum Erbe den Tag, der ganz Sabbat und Ruhe ist, für das
Leben der Ewigkeiten".

Mechilta deRabbi Jischmael zu Ex. 31,13

1.2 Jesus und die Reinheitsvorschriften

Reinheitsvorschriften nehmen in der Bibel und im jüdischen Lebensvollzug grossen Raum ein. Die biblische Grundlage findet sich in den Reinheitsvorschriften der priesterlichen Überlieferung, vor allem in Levitikus und Numeri. Auch in den Evangelien finden sich viele Hinweise auf Reinheitsrituale. Es ist für das Verständnis zahlreicher Texte im Älteren und Neuen Testament von grosser Wichtigkeit, die biblischen Grundlagen von rein und unrein, resp. heilig und profan zu kennen.

Rein und unrein - heilig und profan

Zuerst müssen wir uns Klarheit verschaffen, was mit dem Begriff "Heiligkeit" gemeint ist. Das Heilige ist absolut nicht aus menschlichen Wertmassstäben ableitbar. Es ist auch nicht einfach deren Überhöhung. Es ist etwas völlig Fremdes, das "ganz andere".

Deshalb darf man es auch nicht mit dem Gewöhnlichen, dem Profanen, vermischen. Gott selbst hat geboten, das Heilige auszugrenzen. Dies wird zum ersten Mal bei der Gesetzgebung am Sinai deutlich:

*"Und der Herr sprach zu Mose: Geh hin zum Volk und **heilige sie** heute und morgen, dass sie ihre Kleider waschen und bereit seien für den dritten Tag; denn am dritten Tage wird der Herr vor allem Volk herabfahren auf den Berg Sinai. Und **zieh eine Grenze** um*

das Volk und sprich zu ihnen: Hütet euch, auf den Berg zu steigen oder seinen Fuss anzurühren; denn wer den Berg anrührt, der soll des Todes sterben." Ex. 19,10-12

Was vom Heiligen in Beschlag genommen wird, ist dem Profanen entzogen. Die Quelle alles Heiligen ist Gott selber, er ist der Heilige. Ist ein Mensch, ein Ort, ein Tag oder ein Gegenstand geheiligt, dann ist er damit ausgesondert und Gott übereignet.
Deshalb ist heilig nicht eine Beschaffenheit, sondern ein Verhältnis. **Wer heilig ist, steht in einem besonderen Verhältnis zu Gott.** Es gibt aber nicht nur geheiligte Menschen, sondern auch geheiligte, d.h. für Gott ausgesonderte Zeiten oder Orte. So sind z.B. alle Festzeiten geheiligte Zeiten, weil sie von Gott in Anspruch genommen sind (vgl. z.B. der Sabbat). Gott will, dass Israel heilig ist:

"Ihr sollt heilig sein, denn ich bin heilig, der Herr euer Gott."
Lev. 19,2

Dieses Heilig-Sein, diese Aussonderung für Gott wird in der Bibel mit Reinheit gleichgesetzt. Deshalb hat Unreines bei Gott im zukünftigen Heil keinen Platz:

*"Und es wird dort (d.h. im zukünftigen Heil) eine Bahn sein, die der heilige Weg heissen wird. **Kein Unreiner** darf ihn betreten..."*
Jes. 35,8

Derselbe Gedanke findet sich auch in Offenbarung 21,27:

*"**Nichts Unreines** wird hineinkommen (d.h. ins neue Jerusalem) und keiner, der Greuel tut und Lüge, sondern allein, die geschrieben stehen in dem Lebensbuch des Lammes."*

Weil Unreinheit bei Gott keinen Platz hat, kann auch der unreine Mensch keine Gemeinschaft mit Gott pflegen. **Unreinheit trennt den Menschen von Gott.** Doch gerade diese Unreinheit ist immer im Andringen, um Menschen und Dinge in ihren Bann zu ziehen. Sie ist letztlich ein Ausläufer des radikal Unreinen, des Todes. Deshalb lehrt uns die Bibel, dass jede Unreinheit, wenn sie nicht beseitigt wird, zum Tod führt:

"Wer aber unrein wird und sich nicht entsündigen will, der soll ausgerottet werden aus der Gemeinde." Num. 19,20

Unreinheit wird hier mit Sünde gleichgesetzt. Wer unrein ist, muss sich entsündigen. Die Sünde gehört also in den Bereich des Unreinen, das von Gott trennt.
An zahlreichen Stellen finden sich Hinweise auf die Unreinheit des Todes. Jeder, der mit einem Toten in Berührung kommt, wird unrein.

"Da waren einige Männer unrein geworden an einem toten Menschen." Num. 9,6

"Auch wer auf dem freien Feld einen berührt, der mit dem Schwert erschlagen ist, oder einen Gestorbenen oder eines Menschen Bein oder ein Grab anrührt, der ist unrein sieben Tage." Num. 19,16

14

Die Sphäre des Unreinen, der Tod, die Sünde ist somit die absolute Gottferne, ausserhalb der Lebensgemeinschaft mit Gott, wie der Psalmist beschreibt:

"Wirst du an den Toten Wunder tun, oder werden die Verstorbenen aufstehen und dir danken? Sela. Wird man im Grabe erzählen deine Güte und deine Treue bei den Toten? Werden denn deine Wunder in der Finsternis erkannt oder deine Gerechtigkeit im Lande des Vergessens?" Ps. 88,11-13

Die Antwort ist: Nein.
Deshalb war es Pflicht, sich vor jeder Kulthandlung, ja sogar vor dem Betreten des Tempels zu heiligen. Das war auch zur Zeit Jesu üblich:

"Es war aber nahe das Passahfest der Juden; und viele aus der Gegend gingen hinauf nach Jerusalem vor dem Fest, dass sie sich heiligten (reinigten)." Joh. 11,55

Auch in der Mischnah ist dieser Brauch festgehalten:

"Folgende Regel galt im Heiligtum: .... Keiner darf die Opferhalle zu einer Dienstverrichtung betreten, wenn er auch rein ist, ehe er ein Bad (Tauchbad) genommen."[1]

---

[1] mYom III,3

SPHÄRE DES UNREINEN

SPHÄRE DES REINEN

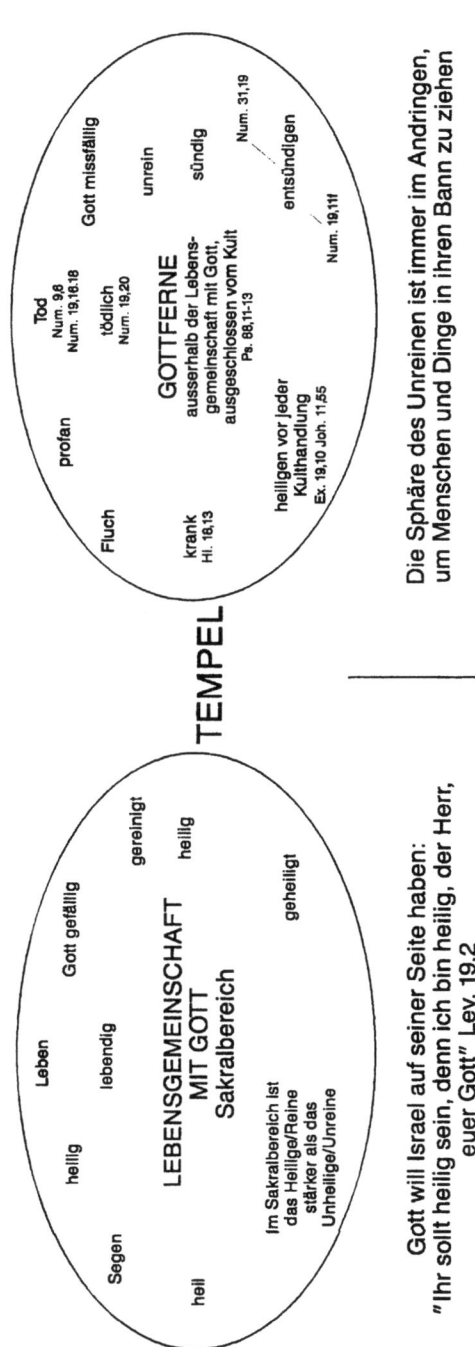

TEMPEL

Gott will Israel auf seiner Seite haben:
"Ihr sollt heilig sein, denn ich bin heilig, der Herr, euer Gott" Lev. 19,2

Die Sphäre des Unreinen ist immer im Andringen, um Menschen und Dinge in ihren Bann zu ziehen

Die Welt ist vor Gott zwiegespalten in rein und unrein, heilig und profan, in Segen und Fluch. Diese spannungsgeladene Polarität war für Israel die Grundgegebenheit alles Lebens. Sie war so allgemein gültig, dass sie auch da als vorhanden vorausgesetzt werden muss, wo sie nicht ausgesprochen wird, z.B. bei den Propheten. Vom Heiligtum und vom Kultus gingen heilende und rettende Kräfte aus, die das Leben zwischen diesen Polen in einem heilsamen Gleichgewicht hielten.
Der Kampf zwischen dem Heiligen und dem Profanen ist jedoch ein vorläufiger Kampf. Einst wird Gottes Heiligkeit ans Ziel kommen, dann wenn "die ganze Erde der Herrlichkeit(!) Gottes voll sein wird" Num. 14,21 und Sach. 14,9.20.

Dann ist das Profane verschlungen vom Heiligen!

Den Gegenpol zur Sphäre des Unreinen bildet die Sphäre
des Reinen.

Sie ist das absolute Gegenteil. Hier steht heilig statt profan,
Leben statt Tod, lebendig statt tödlich, Gott gefällig statt
Gott missfällig, gereinigt statt unrein, heilig statt sündig,
Segen statt Fluch. Die Sphäre des Reinen steht für die
Lebensgemeinschaft mit Gott.

Doch die Sphäre des Unreinen ist immer im Andringen, um
Menschen und Dinge in ihren Bann zu ziehen. Dieser Macht
gegenüber wäre Israel verloren gewesen, wenn Gott nicht
zu Hilfe gekommen wäre. Die zahlreichen Reinheitsrituale
sind Ausdruck von Gottes Hilfe, damit Israel der Sphäre des
Unreinen nicht **schutzlos ausgeliefert** ist. Vom Tempel,
der Wohnung Gottes auf der Erde, dem Ort seiner Gegenwart gingen heilende Kräfte aus, die das Leben im Span-
nungsfeld von rein und unrein, heilig und profan im Gleichgewicht hielten.

Es verhält sich dabei ähnlich wie mit unserer Gesundheit.
Gesundheit ist ein Gleichgewicht zwischen dem Körper und
den ihn umgebenden Naturkräften. Wenn wir genug
Lebenskraft in uns haben, um uns gegen die Dinge, die von
aussen an uns herankommen (Viren, Bakterien, Giftstoffe
etc.) zu wehren, dann sind wir gesund, d.h. wir befinden uns
im Gleichgewicht. Weil all die äusseren Einflüsse dazu bestimmt sind, uns zu töten, ist das Leben ein andauernder
Kampf. Ebenso ist es mit dem Gleichgewicht zwischen rein
und unrein, heilig und profan. Auch das geistliche Leben ist
ein dauernder Kampf. Es ist der Kampf gegen die Sphäre des
Unreinen. Doch kommt im Älteren Testament ganz klar zum

Ausdruck, dass die Sphäre des Unreinen einst von Gottes Herrlichkeit und seiner Heiligkeit verschlungen sein wird.

*"Aber so wahr ich lebe und **alle Welt der Herrlichkeit des Herrn voll werden soll**."* Num. 14,21

*"Und der Herr wird König sein über die ganze Erde. Zu der Zeit wird **der Herr der Einzige sein** und sein Name der einzige.*
Zu der Zeit wird auf den Schellen der Rosse stehen 'Heilig dem Herrn'. Und die Töpfe im Hause des Herrn werden dem Becken vor dem Altar gleichgestellt sein. Und es werden alle Töpfe in Jerusalem und Juda dem Herrn Zebaoth heilig sein, sodass alle, die da opfern wollen, kommen werden und sie nehmen und darin kochen werden." Sach. 14,9.20.21

Sacharja zeichnet hier ein beeindruckendes Bild von der Zukunft. Es wird die Zeit kommen, da es nichts Unreines und Profanes mehr geben wird. Die ganze Erde wird von der Herrlichkeit des Herrn erfüllt sein. Das Unreine ist von Gottes Herrlichkeit verschlungen. Paulus formuliert es in 1. Kor. 15,54 folgendermassen:

"Der Tod ist verschlungen in den Sieg!"

Damit schliesst sich der Kreis zur alttestamentlichen Prophetie.

Das rituelle Händewaschen

Die Gebote von rein und unrein durchdringen den jüdischen Alltag. Deshalb haben wir im Neuen Testament auch Überlieferungen, die die Kenntnis der Reinheitsvorschriften voraussetzen. Ein bekanntes Beispiel ist der Text in Mk. 7, 1-5 und 14-23.

1 "Und es versammelten sich bei ihm die Pharisäer und einige von den Schriftgelehrten, die aus Jerusalem gekommen waren.
2 Und sie sahen einige seiner Schüler mit unreinen, das heisst ungewaschenen Händen das Brot essen.
3 Denn die Pharisäer und alle Juden essen nicht, wenn sie sich nicht gewaschen haben, und halten so die Satzungen der Ältesten;
4 und wenn sie vom Markt kommen, essen sie nicht, wenn sie sich nicht gewaschen haben. Und es gibt viele andere Dinge, die sie zu halten angenommen haben, wie: Trinkgefässe und Krüge und Kessel und Bänke zu waschen.
5 Da fragten ihn die Pharisäer und Schriftgelehrten: Warum leben deine Schüler nicht nach den Satzungen der Ältesten, sondern essen das Brot mit unreinen Händen? ....
14 Und er rief das Volk wieder zu sich und sprach zu ihnen: Hört mir alle zu und begreift's!
15 Es gibt nichts, was von aussen in den Menschen hineingeht, das ihn unrein machen könnte; sondern was aus dem Menschen herauskommt, das ist's, was den Menschen unrein macht.
17 Und als er von dem Volk ins Haus kam, fragten ihn seine Schüler nach diesem Gleichnis.

18 Und er sprach zu ihnen: Seid ihr denn auch so unverständig? Merkt ihr nicht, dass alles, was von aussen in den Menschen hineingeht, ihn nicht unrein machen kann?

19 Denn es geht nicht in sein Herz, sondern in den Bauch, und kommt heraus in die Grube. Damit erklärte er alle Speisen für rein.

20 Und er sprach: Was aus dem Menschen herauskommt, das macht den Menschen unrein;

21 denn von innen, aus dem Herzen der Menschen, kommen heraus böse Gedanken, Unzucht, Diebstahl, Mord,

22 Ehebruch, Habgier, Bosheit, Arglist, Ausschweifung, Missgunst, Lästerung, Hochmut, Unvernunft.

23 Alle diese bösen Dinge kommen von innen heraus und machen den Menschen unrein."

Im obigen Text erheben die Schriftgelehrten und Pharisäer den Vorwurf, dass einige der Schüler Jesu die Reinheitsvorschriften nicht einhalten. Jesus selbst scheint es getan zu haben, sonst hätten sie es ihm zum Vorwurf gemacht. Bei diesen Reinheitsvorschriften geht es, wie V. 2 und 3 sagen, um das Waschen der Hände. Wenn in V. 3 und 5 von den Satzungen der Ältesten die Rede ist, dann ist damit die mündliche Überlieferung, die Mischnah, gemeint[2]. Nun gibt es in der Mischnah genaue Anweisungen, wie das zu geschehen hat. So steht dort z. B. Folgendes[3]:

"Man wäscht die Hände zu Ungeheiligtem (Genuss von Brot), zu Zehnt und zu Hebe."

---

[2] siehe S. 4f
[3] mChag II,5

20

Das heisst, dass man, auch wenn die Hände rein sind, sie doch vor Genuss von Brot sowie vor der Berührung von Priesterhebe (Abgabe an die Priester) vorschriftsmässig waschen muss, weil sie infolge ihrer Geschäftigkeit achtlos und unbemerkt unsaubere Dinge angefasst haben könnten.
An einer anderen Stelle ist genau festgelegt, wieviel Wasser zum Händewaschen nötig ist:

"Ein viertel Log Wasser gibt man auf die Hände für eine, auch für zwei Personen." [4]

Ein Log hat den Rauminhalt von sechs Eiern, ein viertel Log ist ca. 1 dl. Notwendig ist, dass die beiden Hände bis zur Handwurzel übergossen werden. Diese Vorschriften sind in Mk. 7,3 gemeint, wenn es heisst, man braucht eine Handvoll Wasser zum Händewaschen.
In V. 15 gibt Jesus eine Antwort auf den Vorwurf der Pharisäer an seine Schüler. Nicht was in den Menschen hineingeht, macht ihn unrein, sondern was aus ihm herauskommt. Die Schüler sprechen von einem Gleichnis. Daraus können wir schliessen, dass Jesus hier ein Bild verwendet hat. Tatsächlich finden wir in der Mischnah einen Anhaltspunkt dazu. Es liegt nahe, den Menschen mit einem irdenen Gefäss, d.h. mit einem Gefäss aus Ton zu vergleichen. Auch Paulus macht das in Röm. 9,21. Ebenso finden wir es bei Jeremia im Töpfergleichnis (Jer. 18). Diesen Vergleich braucht hier auch Jesus. Dazu lesen wir in der Mischnah Folgendes[5]:

[4] mJad I,1
[5] mKel II,1

"Irdene Geräte und Geräte aus Nether (Tonart) sind betreffs der Unreinheit einander gleich; sie können von ihrem hohlen Raume aus verunreinigt werden und verunreinigen (Ist nämlich ein irdenes Gefäss einmal durch die in seinen Hohlraum gekommene Unreinheit unrein geworden, so ist auch die Rückseite unrein und verunreinigt die sie berührenden Speisen und Getränke.) ;....sie können von der Aussenseite aus keine Unreinheit annehmen. "

Das heisst mit andern Worten: Der Inhalt eines irdenen Gefässes kann von aussen her nicht verunreinigt werden. Ist jedoch der Inhalt des Gefässes unrein geworden, so ist das Gefäss auch aussen unrein.

Das ist genau das, was Jesus mit anderen Worten ausdrückt, wenn er sagt: Nicht was von aussen in den Menschen hineinkommt, macht ihn unrein. Das Innere des Menschen wird nicht verunreinigt dadurch, dass er die Hände nicht wäscht. Wenn aber im Menschen drin unreine Gedanken sind, dann ist der ganze Mensch unrein. Dagegen nützt auch Händewaschen nichts mehr.

Was macht Jesus hier? Er widerlegt den Vorwurf der Unreinheit, den die Pharisäer und Schriftgelehrten mit Berufung auf die Mischnah, die Satzungen der Ältesten, an die Schüler richten. Interessanterweise widerlegt er diesen Vorwurf, indem er ihnen eine andere Stelle aus der Mischnah zitiert! Damit weist er sie auf eine wichtigere Vorschrift in der Mischnah hin.

Aus diesem Text können wir schliessen, dass Jesus sehr gut in der jüdischen Überlieferung Bescheid wusste. Er hat sie nicht abgelehnt, denn er selbst hat die Hände gewaschen - ihm galt jedenfalls der Vorwurf nicht. Er hat es mit den Reinheitsvorschriften genau genommen und zudem versucht, seine Zuhörer dort abzuholen, wo sie standen. Im Falle der Pharisäer und Schriftgelehrten waren das die Satzungen der Ältesten, die Mischnah. Das zeigt uns auch, dass Jesus sich im Denken und im Handeln in dieser Tradition befunden hat.

Der Einzug in Jerusalem, Mt. 21,1-11

Dieser Text wird nie mit den Reinheitsvorschriften in Verbindung gebracht. Doch verbirgt sich gerade in dieser Erzählung sehr viel Jüdisches, wenn man sie aus der Perspektive der Reinheitsgebote betrachtet.

"1 Als sie nun in die Nähe von Jerusalem kamen, nach Betphage an den Ölberg, sandte Jesus zwei Schüler voraus 2 und sprach zu ihnen: Geht hin in das Dorf, das vor euch liegt; dort werdet ihr eine Eselin angebunden finden und ein Fohlen bei ihr. Bindet sie los und bringt sie zu mir. 3 Und wenn euch jemand etwas sagen wird, so sprecht: Der Herr braucht sie. Sogleich wird er sie euch überlassen. 4 Das ist geschehen, damit sich erfüllte, was durch den Propheten gesagt worden ist:
5 'Sagt der Tochter Zion: Siehe, dein König kommt zu dir. Er ist friedfertig, und er reitet auf einer Eselin und auf einem Fohlen, dem Jungen eines Lasttiers.'
6 Die Schüler gingen und taten, was Jesus ihnen aufgetragen hatte. 7 Sie brachten die Eselin und das Fohlen, legten ihre Kleider auf sie, und er setzte sich darauf. 8 Viele Menschen breiteten ihre Kleider auf der Strasse aus, andere schnitten Zweige von den Bäumen und streuten sie auf den Weg. 9 Die Leute aber, die vor ihm

hergingen und die ihm folgten, riefen: Hosianna dem Sohn Davids, gesegnet sei, der da kommt im Namen des Herrn! Hosianna in der Höhe.
10 Als er in Jerusalem einzog, geriet die ganze Stadt in Aufregung, und man fragte: Wer ist das? 11 Die Leute sagten: Das ist der Prophet, Jesus von Nazareth in Galiläa."

Der Text erwähnt am Anfang, dass Jesus nach Betphage kam. Auch Angaben von Örtlichkeiten haben in der Regel einen Sinn und wollen uns etwas mitteilen. Betphage war, wie Bethanien, ein Ort an der Heiligkeitsgrenze von Jerusalem. Von da wurden zehn Heiligkeitsgrade gemessen und je näher man zum Heiligtum kam, desto strenger wurden die Reinheitsvorschriften. Betphage lag östlich von Jerusalem und wurde als entlegenster Stadtteil zu Jerusalem gerechnet. (Siehe folgende Karte[6])

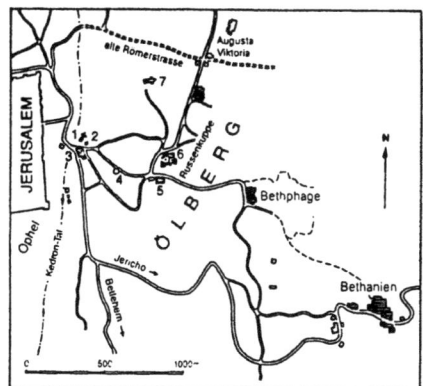

---

6 Aus: Bühlmann Walter, Wie Jesus lebte, Rex Luzern/Stuttgart 1987, Seite 77

Betphage und Bethanien lagen beide an der Pilgerroute nach Jerusalem. Die Reinheitsvorschriften verlangten es, dass sich die Pilger vor dem Fest reinigen mussten. Vgl. Joh. 11,55:

"Es war aber nahe das Passafest der Juden. Und viele aus der Gegend gingen hinauf nach Jerusalem vor dem Fest, dass sie sich reinigten."

Wahrscheinlich bestand an beiden Orten die Möglichkeit, ein reinigendes Tauchbad zu nehmen. Belegt ist ein Badehaus in Bethanien:

"Als R. Dimi kam, erzählte er, dass einst ein Fuchs im Badehause von Beit Hini (Bethanien) ein Schaf anpackte."[7]

Ohne zuvor ein reinigendes Tauchbad genommen zu haben, hatte niemand Zutritt zum Heiligtum:

"Folgende Regel galt am Heiligtum....Keiner darf die Opferhalle zu einer Dienstverrichtung betreten, wenn er auch rein ist, ehe er ein Bad (Tauchbad) genommen."[8]

So können wir annehmen, dass mit der Erwähnung von Betphage für die damaligen Leser klar war, dass Jesus dort ein Tauchbad genommen hatte.
Nach dem Bad musste man nur noch die Füsse waschen, um ganz rein zu sein. Vgl. Joh. 13,10:

---

[7] bChul 53a
[8] mJom III,2f

"Wer gewaschen ist, bedarf nichts, als dass ihm die Füsse gewaschen werden; denn er ist ganz rein."[9]

Damit die Füsse vor erneuter Verunreinigung geschützt waren, wurden in den Tagen vor dem Fest die Strassen täglich gefegt. Diejenigen, die es mit der Torah, und somit mit den Reinheitsvorschriften, ernst nahmen, gingen dann in der Mitte der Strasse, weil es dort am saubersten war. Trotzdem konnten die Füsse wieder schmutzig werden. Deshalb nahmen die Strenggläubigen, die es mit den Vorschriften ganz ernst meinten, einen Esel, um zum Heiligtum zu reiten. So kamen die Füsse gar nicht erst in Berührung mit dem Boden und konnten so auch nicht mehr unrein werden. Solche Esel konnte man an den Orten der Heiligkeitsgrenze mieten (vgl. V. 3).

Jesus setzte sich auf einen Esel und zeigte damit, dass er es mit den Reinheitsvorschriften sehr genau nahm. In V. 7 heisst es, dass die Schüler ihre Kleider über den Esel legten. Das, damit Jesus sich nicht durch den Eselsrücken verunreinigte. Der darauffolgende Vers schildert sogar, dass die Leute ihre Kleider auf der Strasse ausbreiteten. Manche werden sich schon gefragt haben, was das zu bedeuten hat. Ob es ein Zeichen der Ehrerbietung ist, analog dem roten Teppich, oder was wohl damit gemeint ist. Gehen wir von den Reinheitsvorschriften aus, können wir schliessen, dass die Kleider auf der Strasse ein weiterer Schutz vor Verunreinigung waren. Aber Jesus ritt ja auf einem Esel und hatte mit seinen Füssen keinen Bodenkontakt. Wenn wir den Text aufmerksam lesen, dann stellen wir fest, dass Jesus seinen Schü-

---

[9] vgl. dazu S. 35

lern ausdrücklich aufgetragen hatte, eine Eselin mit einem Fohlen zu bringen. Das hat seine Bedeutung. Einerseits geht damit die Weissagung des Propheten Sacharja in Erfüllung, andererseits hatte es für Juden der damaligen Zeit noch eine ganz andere Bedeutung. Nach Mt. 21,7 ist Jesus auf der Eselin und dem Fohlen geritten, was schwer vorzustellen ist. Ziehen wir dazu die Parallelstelle in Mk. 11 bei, dann zeigt sich, dass Jesus auf dem Fohlen geritten ist:

"Und sie führten das Füllen zu Jesus und legten ihre Kleider darauf, und er setzte sich darauf." Mk. 11,7

Ein Eselsfüllen ist nicht ein kräftiges Tier. Das ist ein wesentlicher Aspekt in der ganzen Geschichte. In der Mischnah findet sich dazu eine wichtige Stelle:

"Wenn jemand in einer Totenbeinstätte (der absolut unreinste Ort)... auf ... einem Vieh reitet, das kräftig ist, so bleibt er rein (So dass, wenn ein Totenbeinchen bewegt wird, dies durch die Kraft des Viehs geschieht und der Reitende dazu nichts beiträgt). Reitet er aber ... auf einem ... Vieh, dessen Kräfte schwach sind, so ist er unrein. (Weil durch das Gewicht des Reitenden die unten liegenden Totenbeine bewegt werden)."[10]

Auf dem Hintergrund dieser Stelle wird klar, weshalb die Leute ihre Kleider auf die Strasse gebreitet haben. Jesus ritt auf einem schwachen Tier. Es bestand also durchaus die Möglichkeit, dass sich das Eselsfüllen auf der Strasse verunreinigte. Damit wäre auch Jesus wieder unrein geworden.

---

[10] mOhal XVIII,6

Als die Leute das sahen, wollten sie vermeiden, dass er sich wieder verunreinigte.

Man sieht an diesem Text also, dass es Jesus mit den Vorschriften der Tradition sehr ernst genommen hat. Nur strenggläubige Juden ritten damals auf einem Esel nach Jerusalem hinein. Das Einreiten auf dem Esel will also nicht eine Demutshaltung Jesu ausdrücken, sondern ist Ausdruck seiner Verpflichtung gegenüber der Torah und der Tradition. Zum andern hat Jesus mit dem Reiten auf einem Esel signalisiert, dass er in friedlicher und nicht in kriegerischer Mission kommt. Der Krieger kommt hoch zu Pferd.

Wichtig im Zusammenhang mit dem Einzug in Jerusalem ist auch das, was die Menge proklamierte (V. 9):

"Hosianna dem Sohn Davids. Gesegnet sei, der da kommt im Namen des Herrn. Hosianna in der Höhe."

Wir haben es hier mit einem Zitat aus Ps. 118,25 zu tun. Hosianna heisst übersetzt: Hilf doch!

Interessant ist, dass dieser Psalm in der jüdischen Tradition auf den Messias gedeutet wurde. Im Psalmenkommentar heisst es Folgendes:

"Diesen Tag hat der Ewige gemacht. *Hinter allen Erlösungen, welche an den Israeliten vorübergingen, folgte immer wieder eine Unterjochung, aber von jetzt ab und weiter wird keine Unterjochung mehr folgen....Ach, Ewiger, hilf doch! Die Männer Jerusalems sprechen von innen:* Ach, Ewiger, hilf doch! (Hosianna) *und die Männer Judas sprechen von aussen:* Ach, Ewiger, lass es glücken; *die Männer Jerusalems sprechen von innen: Gesegnet sei, der da kommt im Namen des Herrn.*"[11]

Diese Auslegung besagt, dass am Tag, wenn der Messias kommt, es keine Unterjochung mehr geben wird. Und zu dieser Zeit werden die Männer Jerusalems in der Stadt sagen:

"Ach, Ewiger, hilf doch! (Hosianna)"

und:

"Gelobt sei, der da kommt im Namen des Herrn."

Die Situation, die in Mt. 21,9 beschrieben ist, entspricht also ganz genau der messianischen Erwartung der damaligen Zeit. Indem die Menge genau diesen Psalmvers zitierte, bezeugte sie, dass sie Jesus für den Messias hielt. In V. 10 heisst es dann auch, dass darüber (über dieser Proklamation der Menge, nicht über der Tatsache, dass Jesus auf einem Esel einritt!) die ganze Stadt in Aufregung geriet und man fragte, um wen es sich da handelte. Darauf antworteten die Leute:

*"Das ist **DER PROPHET**, Jesus von Nazareth in Galiläa."*

In diesen Worten steckt die Bestätigung der Proklamation Jesu zum Messias, denn mit dem Ausdruck "der Prophet" ist

---

[11] MTeh 118 § 22

niemand anders als "der Prophet wie Mose" gemeint (der Messias), von dem es in Dtn. 18,18f heisst:

"Ich will ihnen einen Propheten, wie du (Mose) bist, erwecken aus ihren Brüdern und meine Worte in seinen Mund geben; der soll zu ihnen reden alles, was ich ihm gebieten werde. Doch wer meine Worte nicht hören wird, die er in meinem Namen redet, von dem will ich's fordern."

Ein weiterer Text, der in engem Zusammenhang mit den Reinheitsvorschriften steht, ist Joh. 13,1-17. Er wird meist fälschlicherweise mit Demut in Verbindung gebracht. Auf dem Hintergrund der biblischen Reinheitvorstellungen bekommt er jedoch eine ganz neue Perspektive.

Die Heiligung der Füsse, Joh. 13

Weil Gott der Heilige und absolut Reine ist, hat Unreinheit bei ihm keinen Platz (vgl. S. 13). So hat auch Jesus, wie wir in den vorhergehenden Texten bereits gesehen haben, sich streng an die Reinheitsvorschriften gehalten. Das bestätigt auch Joh. 12,1:

"Sechs Tage vor dem Passafest kam Jesus nach Bethanien..."

Die Erwähnung der sechs Tage ist nicht zufällig. Sie haben in der jüdischen Überlieferung eine ganz besondere Bedeutung. Sechs Tage ist die Zeit der Reinigung, der Vorbereitung auf die Begegnung mit Gott. Diese Tradition hat ihre Wurzeln in Ex. 24,16:

"Als nun Mose auf den Berg kam, bedeckte die Wolke den Berg. Und die Herrlichkeit des Herrn thronte auf dem Berg Sinai, und die Wolke bedeckte den Berg sechs Tage lang; dann, am siebenten Tage, rief er Mose aus der Wolke heraus zu." Ex. 24,16

Von Raschi[12], einem bedeutenden jüdischen Ausleger aus dem 11. Jh., wird diese Stelle wie folgt ausgelegt[13]:

"Und die Herrlichkeit des Herrn liess sich nieder auf dem Berg Sinai, und die Wolke bedeckte ihn sechs Tage. Und er rief Mosche am siebten Tag", *um die 10 Gebote zu verkünden, und Mosche und ganz Israel standen dabei, nur erweist der Vers Mosche besondere Ehre. Und manche sagen, die Wolke bedeckte ihn, Mosche,* **sechs Tage** *nach der Gesetzgebung, und diese gehörten zum Anfang der 40 Tage, zu denen Mosche hinaufstieg die Tafeln zu empfangen.* **Und der Vers lehrt dich, dass jeder, der in das Lager der Schechina eintreten will, sich sechs Tage vorher vom Hause absondern muss.**"

Weil sechs Tage die Zeit der Reinigung und Vorbereitung auf eine Begegnung mit Gott ist, ging Jesus sechs Tage vor dem

---

[12] Raschi, die Abkürzung von Rabbi Schlomo Jitzchaqi, gilt als der grösste jüdische Bibelausleger. Er lebte von 1040 - 1105 vor allem in Troyes. Sein Werk umfasst einen bedeutenden Kommentar zu den 5 Büchern Mose, Kommentare zu den andern Büchern der hebräischen Bibel (ausser Chronik), zu der gesamten Mischnah, sowie fast zu allen Traktaten des babylonischen Talmuds.

[13] Raschis Pentateuchkommentar. Vollständig ins Deutsche übertragen und mit einer Einleitung versehen von Rabbiner Dr. Selig Bamberger, 3. Auflage 1975, Victor Goldschmidt Verlag Basel, zu Ex 24,16

Passah nach Bethanien und blieb dort, um sich für das Fest
zu reinigen. Er und seine Schüler werden dort das rituelle
Tauchbad genommen haben. Während dieser sechs Tage
salbte ihn Maria zum König-Messias[14]. Anschliessend berichtet Johannes, dass Jesus auf einem Esel nach Jerusalem hin-
einritt[15].
Der nachfolgende Text Joh. 12,20-50 weist mit aller Deut-
lichkeit darauf hin, wie wichtig es ist, zu begreifen, dass in
Jesus Gott selber auf diese Erde gekommen war. Es ist das
grosse Anliegen von Johannes, die Einheit von Gott als Vater
und Sohn zu verdeutlichen:

"Ich und der Vater sind einer." Joh. 10,30

Das 13. Kapitel wird mit der Bemerkung eingeleitet, dass die
Stunde des Abschieds naht (Joh. 13,1-3). Jesus ist mit seinen
Schülern bei einem Abendessen zusammen. Auch Mahlzeiten haben ihre Reinheitsvorschriften. So war es üblich,
sich vor dem Essen mit einem Segensspruch die Hände zu
waschen:

*"Denn die Pharisäer und alle Juden essen nicht, wenn sie sich nicht
gewaschen haben, und halten so die Satzungen der Ältesten; und
wenn sie vom Markt kommen, essen sie nicht, wenn sie sich nicht
gewaschen haben, und halten so die Satzungen der Ältesten."*
Mk. 7,3f

---

[14] vgl. S. 104ff
[15] vgl. S. 22ff

"Man wäscht die Hände zu Ungeheiligtem, zu Zehnt und zu Hebe."[16]

Die Voraussetzungen

Für das Verständnis der Fusswaschung in Joh. 13 sind also folgende Voraussetzungen zu beachten:

- das erfolgte rituelle Tauchbad in Bethanien,
- der Einzug Jesu auf dem Esel, um die Reinheit der Füsse zu erhalten, und
- eine Mahlzeit, vor der selbstverständlich die Hände gewaschen worden sind.

Die Heiligung der Füsse

"... da stand er vom Mahl auf, legte sein Obergewand ab, nahm einen Schurz und umgürtete sich. Danach goss er Wasser in ein Becken, fing an, den Schülern die Füsse zu waschen, und trocknete sie mit dem Schurz, mit dem er umgürtet war." Joh. 13,4.5

Es handelt sich hier nicht um eine gewöhnliche Fusswaschung, wie sie beim Eintritt in ein Haus üblich war. Diese wurde von den Dienern ausgeführt, um den Gästen den Staub von den Füssen zu waschen:

"Ich bin in dein Haus gekommen, du hast mir kein Wasser für meine Füsse gegeben." Lk. 7,44

---

[16] mChag II,5

"Man soll euch ein wenig Wasser bringen, eure Füsse zu waschen."
Gen. 18,4

Eine solche Fusswaschung hätte jedoch nie mitten in einer Mahlzeit stattgefunden. In unserem Text wird aber ausdrücklich erwähnt, dass Jesus vom Essen aufstand. Es heisst sogar, dass Jesus Wasser in ein Becken goss. Haben Sie sich schon einmal überlegt, wie er sonst die Füsse hätte waschen sollen? Die Tatsache, dass das Becken und das Wasser speziell erwähnt werden, muss uns hellhörig machen. Dieselben Wörter kommen auch in Ex. 30,17-21 vor:

" Und der Herr redete mit Mose und sprach: Du sollst auch ein ***Becken*** *aus Kupfer machen mit einem Gestell aus Kupfer zum Waschen und sollst es setzen zwischen die Stiftshütte und den Altar und* ***Wasser*** *hineintun, dass Aaron und seine Söhne ihre* ***Hände und Füsse darin waschen,*** *wenn sie in die Stiftshütte gehen oder zum Altar, um zu dienen und Feueropfer zu verbrennen für den Herrn, auf dass sie nicht sterben. Das soll eine ewige Ordnung sein für ihn und sein Geschlecht bei ihren Nachkommen."*

Vor dem Betreten der Stiftshütte resp. dem Tempelgebäude oder dem Hintreten vor den Altar musste jeder Priester seine Hände und Füsse waschen. Diese Waschungen wurden peinlichst genau befolgt. Das können wir der Mischnah entnehmen:

"Nachdem er (d.h. der Hohepriester am Versöhnungstag) heraufgestiegen war (d.h. aus dem Tauchbad) und sich abgetrocknet

hatte, brachte man ihm die goldenen Gewänder; er legte sie an und heiligte sich Hände und Füsse."[17]

Das Waschen der Hände und Füsse wird hier als "heiligen" bezeichnet. Es diente nicht dem Zweck der Säuberung, sondern sollte auf die Begegnung mit Gott vorbereiten. Der Grund dafür war die Heiligkeit des Ortes, d.h. der Stiftshütte oder später des Tempels.

"Der Tempel (d.h. das Tempelgebäude im innersten Hof) ist noch heiliger, denn dahin darf niemand kommen, der nicht vorher seine Hände und Füsse gewaschen hat."[18]

Diese Gegebenheiten sind ganz wichtig für das richtige Verständnis der Fusswaschung durch Jesus. Vielleicht hat uns Joh. 13,6-8 zu sehr dazu verleitet, die Fusswaschung mit niederer Arbeit zu identifizieren. Wir wollen jetzt deshalb versuchen, diese Verse mit den Ohren eines Zuhörers Jesu zu verstehen:

"Da kam er zu Simon Petrus; der sprach zu ihm: Herr, solltest du mir die Füsse waschen? Jesus antwortete und sprach zu ihm: Was ich tue, das verstehst du jetzt nicht; du wirst es aber hernach erfahren. Da sprach Petrus zu ihm: Nimmermehr sollst du mir die Füsse waschen! Jesus antwortete ihm: Wenn ich dich nicht wasche, so hast du kein Teil an mir." Joh. 13,6-8

---

[17] mYom II,4
[18] mKel I,9

Die Aussage Jesu, dass derjenige, der sich nicht waschen lässt, keinen Teil an ihm hat, entspricht der Aussage in Ex. 30,21, dass derjenige, der Hände und Füsse nicht wäscht, sterben wird. Die Parallele ist offensichtlich. Was ist in Joh. 13 gemeint?

"Keinen Teil haben an" heisst im Griechischen soviel wie: *"keinen Platz haben bei"*. Wer Hände und Füsse nicht wäscht, hat keinen Platz bei Jesus, d.h. hat keinen Platz bei Gott und somit keinen Platz in der zukünftigen Welt, was nichts anderes bedeutet als: er stirbt.

Daraufhin begreift Petrus, dass es sich hier um priesterliche Heiligung handelt. In diesem Fall will er nicht nur die Füsse, sondern den ganzen Körper geheiligt haben:

"Spricht zu ihm Simon Petrus: Herr, nicht die Füsse allein, sondern auch die Hände und das Haupt! Spricht Jesus zu ihm: Wer gewaschen ist, bedarf nichts, als dass ihm die Füsse gewaschen werden, denn er ist ganz rein." Joh. 13,9f

Jesus verweist Petrus auf die Reinheitsvorschriften: Wer ein Tauchbad genommen hat, muss sich nur noch die Füsse heiligen. Eigentlich müsste es heissen: Hände und Füsse heiligen. Da Jesus mit seinen Schülern jedoch bei einem Abendessen zusammen ist, haben alle ihre Hände vor dem Essen bereits geheiligt.

Die Bedeutung der Heiligung

Weshalb wird uns diese Geschichte überliefert? Sie steht bei Johannes anstelle des Abendmahls. Wie die Einsetzung des

Abendmahls hat auch dieses Geschehen einen engen Zusammenhang mit dem bevorstehenden Heilsgeschehen in Tod und Auferstehung Jesu. Jesus heiligt seine Schüler, damit sie ganz rein sind und somit bereit für die bevorstehende Begegnung mit dem Heiligen. Diese Reinigung hat jedoch keine magische Wirkung. Das zeigt Joh. 13,11:

"Und ihr seid rein, aber nicht alle."

Trotz Fussheiligung ist einer unter ihnen nicht rein. Reinheit ist ein innerliches Geschehen. Sie zeigt sich in der Beziehung zu Gott. Wer heilig ist, steht in einem besonderen Verhältnis zu Gott (vgl. S. 12). Die Reinheitsrituale sind Symbolhandlungen, die dem Menschen helfen sollen, sich auf die Begegnung mit Gott einzustellen. Sie machen bewusst, dass niemand aufgrund seiner gelebten Heiligkeit vor Gott treten kann. So wie selbst die Priester erst durch das Tauchbad, das Anziehen der Priestergewänder und die Hand- und Fusswaschung symbolisch priesterliche Bedeutung haben, so sagt Jesus seinen Schülern, dass auch sie, wie die Priester im Tempel, der Hand- und Fusswaschung bedürfen, um ganz rein zu werden. Das Waschen der Hände und Füsse hat einen ganz speziellen Grund[19]. Hände und Füsse sind die Hauptvermittler des Handelns und Strebens. Sie bleiben jedoch unbedeckt von den Kleidern. Damals trug man noch keine geschlossenen Schuhe. Deshalb müssen die Füsse vor dem Hintreten vor den Altar noch speziell mit Wasser über-

---

[19] vgl. Hirsch, Samson Raphael, Der Pentateuch, übersetzt und erläutert, 2. Teil: Exodus, J. Kauffmann, Frankfurt, 5. Auflage 1911, S. 446

gossen werden. Diese Tradition hat sich auch im späteren Judentum gehalten:

"Weil der Mensch, wenn er am Morgen von seinem Lager aufsteht, wie neugeboren zum Dienste des Schöpfers, gepriesen sei Sein Name, ist, darum soll er sich heiligen und aus einem Gefäss seine Hände waschen wie ein Priester, der an jedem Morgen seine Hände vor seinem Dienste aus dem Waschbecken heiligte."[20]

Weil die Füsse heute nicht mehr unbedeckt sind, heiligt man sich nur noch die Hände. Diese jüdische Praxis entspricht völlig der Aufforderung Jesu in Joh. 13!
Warum führt Jesus die Heiligung der Füsse, die eigentlich nur den Priestern im Tempel galt, für seine Schüler ein?
Mit dem Kommen des Messias in diese Welt hat eine neue Zeit begonnen. Bereits bei der Geburt des Messias erfahren wir aus der Bibel, dass die Herrlichkeit Gottes, die bis anhin nur auf dem Sinai, in der Stiftshütte oder im Tempel gewohnt hat, auf das Hirtenfeld kam. Die Weihnachtsgeschichte zeigt uns eine noch nie dagewesene Nähe Gottes zum Menschen[21]. Im Wirken Jesu wird diese Nähe immer wieder deutlich. Daher ist die Einführung der Fussheiligung nichts anderes als die Konsequenz des Evangeliums: Gott ist dem Menschen so nah wie noch nie, deshalb gilt das Gebot der Heiligung der Hände und Füsse nicht mehr nur für die Priester im Tempel, sondern für jeden gläubigen Menschen. Gott ist jetzt jedem Menschen so nah, wie er es vor der Geburt Jesu nur den Priestern im Tempel war.

---

[20] Kizzur Schulchan Aruch 2,1
[21] vgl. S. 134

38

Wichtig ist daher auch die Erklärung Jesu in den nachfolgenden Versen:

"Wisst ihr, was ich euch getan habe? Ihr nennt mich Meister und Herr und sagt es mit Recht, denn ich bin's auch. Wenn nun ich, euer Herr und Meister, euch die Füsse gewaschen habe, so sollt auch ihr euch untereinander die Füsse waschen. Ein Beispiel habe ich euch gegeben, damit ihr tut, wie ich euch getan habe. Wahrlich, wahrlich, ich sage euch: Der Knecht ist nicht grösser als sein Herr und der Apostel nicht grösser als der, der ihn gesandt hat. Wenn ihr dies wisst - selig seid ihr, wenn ihr's tut." Joh. 13,12-17

Jesus bestätigt, dass er Meister und Herr ist. Der Ausdruck "denn ich bin's" heisst im Hebräischen: "ani hu". Es ist dieselbe Wendung, die Jesus in Mt. 14,27 brauchte, als die Schüler im Schiff Angst hatten beim Anblick der Gestalt, die auf dem Wasser wandelte:

*"Und als ihn die Schüler über den See kommen sahen, erschraken sie, weil sie meinten, es sei ein Gespenst, und sie schrien vor Angst. Doch Jesus begann mit ihnen zu reden und sagte: Habt vertrauen, **ich bin es** (ani hu); fürchtet euch nicht!" Mt. 14,26f*

Dieser Ausdruck wird im Älteren Testament von Gott gebraucht. So lesen wir z.B. in Jes. 48,12[22] :

---

[22] Vgl. auch Jes. 43,10f und 41,4: "Ihr seid meine Zeugen, spricht der Herr, und mein Knecht, den ich erwählt habe, damit ihr wisst und mir glaubt und erkennt, dass ich's bin. Ich, ich bin der Herr und ausser mir ist kein Heiland."
"Wer ruft die Geschlechter von Anfang her? Ich bin's, der Herr, der Erste und bei den Letzten noch derselbe."

*"Höre mir zu, Jakob, und du, Israel, den ich berufen habe: **Ich bin's,** ich bin der Erste und auch der Letzte."*

Wenn Jesus in Joh. 13,13 genau dieselbe Redewendung braucht, dann nimmt er damit die Redeweise Gottes für sich in Anspruch und **bestätigt damit, dass er Gott selber ist.** Weil in der Person Jesu Gott die Schüler geheiligt hat, wie es bis jetzt nur für Priester üblich war, so sollen auch sie einander heiligen. Das ist der Auftrag, der mit der Fussheiligung verbunden ist:

"Ein Beispiel habe ich euch gegeben, damit ihr tut, wie ich euch getan habe." Joh. 13,15

Damit befindet sich Jesus ganz innerhalb der jüdischen Überlieferung:

"Ferner sagte R. Chama b. R. Chanina: Es heisst: 'Dem Herrn, eurem Gott, sollt ihr folgen' (Dtn. 13,5). Ist es denn einem Menschen möglich, der Göttlichkeit zu folgen, es heisst ja: 'Denn der Herr, dein Gott, ist ein verzehrendes Feuer?!' (Dtn. 4,24). Vielmehr lehrt dies, dass man den Handlungen des Heiligen, gepriesen sei er, folge. Wie er die Nackten kleidet, wie es heisst: 'Und Gott der Herr machte Adam und seinem Weibe Hautröcke und bekleidete sie' (Gen. 3,21), so kleide auch du die Nackten. Wie der Heilige, gepriesen sei er, Kranke besucht, wie es heisst: 'Und der Herr erschien ihm unter den Terebinthen Mamres' (Gen. 18,1), so besuche auch du die Kranken. Wie der Heilige, gepriesen sei er, Trauernde tröstet, wie es heisst: 'Und es geschah nach dem Tode Abrahams, da segnete Gott seinen Sohn Jitzchaq' (Gen. 25,11), so tröste auch du die Trauernden.

Wie der Heilige, gepriesen sei er, Tote begräbt, wie es heisst: 'Und er begrub ihn im Tale' (Dtn. 34,6), so begrabe auch du die Toten."[23]

Man könnte an diese Überlieferung anhängen:

"Wie der Heilige, gepriesen sei er, Menschen heiligt, wie es heisst: 'Danach goss er Wasser in ein Becken, fing an, den Schülern die Füsse zu waschen' (Joh. 13,5), so heilige auch du deine Mitmenschen."

Auch der nachfolgende Vers 16 in Joh. 13 wird oft nicht richtig wahrgenommen. Es heisst nämlich nicht: Der Herr ist nicht grösser als sein Knecht; sondern: Der Knecht ist nicht grösser als sein Herr und der Apostel nicht grösser als der, der ihn gesandt hat! Jesus erklärt nicht, dass er als Meister und Herr nicht grösser sei als seine Schüler und deshalb niedere Arbeit ebenso demütig ausführe. Im Gegenteil, Jesus macht seine Schüler darauf aufmerksam, dass sie nicht grösser sind als Gott. Gott ist der absolut Heilige und Reine. Er hat seinem Volk das Gebot der Heiligung gegeben:

"Ihr sollt heilig sein, denn ich bin heilig, der Herr, euer Gott." Lev. 19,1

Das hat Gott in der Fussheiligung durch Jesus den Schülern bekräftigt: Alle Menschen haben es nötig, sich zu heiligen, wenn sie vor Gott treten.

"Wenn ihr dies wisst - selig seid ihr, wenn ihr's tut." Joh. 13,17

---

[23] bSot 14a

1.3 Sabbat - Time-Out in einer hektischen Zeit

Nebst den Reinheitsvorschriften spielt auch das Halten des Sabbat eine zentrale Rolle im jüdischen Leben. Der Sabbat ist vergleichbar mit einem Time-Out. Viele Menschen wünschen sich heutzutage ein regelmässiges Time-Out, ein Aussteigen aus dem Stress und der Hetze des Alltags. Wer es schon einmal ausprobiert hat, weiss, wie wertvoll solche Zeiten der Entspannung sind.

Time-Out meint eigentlich eine Spielunterbrechung im Sport, die der Trainer beanspruchen kann. Sinn einer solchen Unterbrechung ist es, die Mannschaft zu beraten, um danach anders weiterspielen zu können.

Time-Out - für kurze oder längere Zeit aussteigen aus der gewohnten Tätigkeit, um nachher als veränderter Mensch weitergehen zu können.

Time-Out ist nicht die Erfindung des Sports und auch nicht die des 20. Jahrhunderts. Bereits im Schöpfungsbericht ist der Sabbat als ein solches Time-Out beschrieben. Wir wollen daher den Weg zurückgehen zu den Wurzeln des jüdischen Ruhetags.

Time-Out - ein biblisches Angebot

Die Texte, in denen Gott Israel vorschreibt, einmal in der Woche einen Ruhetag zu halten, finden sich schon sehr bald in der Bibel:

"Gedenke des Sabbats: Halte ihn heilig! Sechs Tage darfst du schaffen und jede Arbeit tun. Der siebte Tag ist ein Ruhetag, dem Herrn, deinem Gott, geweiht. An ihm darfst du keine Arbeit tun: du, dein Sohn und deine Tochter, dein Sklave und deine Sklavin, dein Vieh und der Fremde, der in deinen Stadtbereichen Wohnrecht hat. Denn in sechs Tagen hat der Herr Himmel, Erde und Meer gemacht und alles, was dazugehört; am siebten Tag ruhte er. Darum hat der Herr den Sabbattag gesegnet und ihn für heilig erklärt." Ex. 20,8-11

"Den Sabbattag sollst du halten, dass du ihn heiligst, wie dir der Herr, dein Gott, geboten hat. Sechs Tage darfst du schaffen und jede Arbeit tun. Der siebte Tag ist ein Ruhetag, dem Herrn, deinem Gott, geweiht. An ihm darfst du keine Arbeit tun: du, dein Sohn und deine Tochter, dein Sklave und deine Sklavin, dein Rind, dein Esel und dein ganzes Vieh und der Fremde, der in deinen Stadtbereichen Wohnrecht hat. Dein Sklave und deine Sklavin sollen sich ausruhen wie du. Denk daran: Als du in Ägypten Sklave warst, hat dich der Herr, dein Gott, mit starker Hand und hoch erhobenem Arm dort herausgeführt. Darum hat es dir der Herr, dein Gott, zur Pflicht gemacht, den Sabbat zu halten." Dtn. 5,12-15

"Sechs Tage kannst du deine Arbeit verrichten, am siebten Tag aber sollst du ruhen, damit dein Rind und dein Esel ausruhen und der Sohn deiner Sklavin und der Fremde zu Atem kommen." Ex. 23,12

Allen Texten ist gemeinsam, dass die Arbeit an sechs Tagen getan werden soll, während am siebten Tag keine Arbeit verrichtet werden darf. Es stellt sich daher die Frage, wie der Begriff "Arbeit" zu verstehen ist. Ursprünglich diente die Arbeit dazu, das Paradies wiederherzustellen, d.h. Hunger, Durst, Kälte und Schmerz zu überwinden. Heute ist das jedoch nicht mehr so. Die Arbeit hat sich weitgehend verselbständigt. Wir sind mit unserer Arbeit bemüht, unsere Umgebung und die Natur zu bauen, zu verändern, zu verschönern und zu verbessern. Die Arbeit dient schon längst nicht mehr nur der Lebenserhaltung, sondern schafft überflüssige Bedürfnisse, die wiederum nur durch ein Mehr an Arbeit befriedigt werden können. Dadurch ist das Arbeitsvolumen stetig im Zunehmen begriffen. Im Grunde genommen könnten wir aber alle sehr viel Zeit mit Nichtstun verbringen. Ähnlich den Katzen, die, wenn sie nicht auf Nahrungssuche sind, stundenlang in der Sonne liegen und nichts tun. Doch der Mensch will das gar nicht.

Nichtstun ist nicht erstrebendwert und hat einen negativen Beigeschmack. Nur wer krank ist, kann es sich leisten, ohne schlechtes Gewissen nichts zu tun. Selbst in der "Freizeit" ist Nichtstun verpönt. Wir haben unzählige Dinge erfunden, um uns zu beschäftigen. Dadurch haben wir jedoch jegliche Ruhe verloren und selbst unsere Freizeit ist von Unruhe geprägt. Arbeits- und Freizeitstress lösen einander ab und verhindern so die Frage, wem diese Hetzerei eigentlich dient.

Gott aber hat dem Menschen in weiser Voraussicht einen Ruhetag verschrieben. Er selber hat die Schöpfung durch diesen Ruhetag vollendet. Das erste, was Adam und Eva zu tun hatten, war ruhen! Der Sabbat, der biblische Ruhetag, ist die Krone der Schöpfung, das Ziel des Schöpfungsberichts:

"Gott sah alles an, was er gemacht hatte: Es war sehr gut. Es wurde Abend, und es wurde Morgen: der sechste Tag. So wurden Himmel und Erde vollendet und ihr ganzes Gefüge. Am siebten Tag vollendete Gott das Werk, das er geschaffen hatte, und er ruhte am siebten Tag, nachdem er sein ganzes Werk vollbracht hatte. Und Gott segnete den siebten Tag und erklärte ihn für heilig; denn an ihm ruhte Gott, nachdem er das ganze Werk der Schöpfung vollendet hatte." Gen. 1,31-2,3

Am 7. Tag vollendete Gott die Arbeit. Das hebräische Wort Schabbat - שָׁבַת - heisst "mit einer Tätigkeit aufhören". Damit ist dasselbe gemeint, wie mit dem Begriff Time-Out. Eine Zeit des Unterbruchs, die gleichzeitig der Neuorientierung dient. Unsere Welt ist gekennzeichnet von Vergänglichkeit und Hast. Wir leben in einer rasanten Zeit. Der Sabbat jedoch entzieht sich dieser Beschleunigung. Er ist Einhalt im dauernden Hin und Her unseres Seins - ein Time-Out. Ein ruhender Pol in einer hektischen Zeit und somit ein Vorgeschmack der Ewigkeit.

Sabbat - Ausdruck der Verantwortung gegenüber der Natur

Weil Gott am 7. Tag seine Schöpfung ruhen liess, sollen auch die Menschen sie ruhen lassen. Deshalb wird am Sabbat nicht in die Veränderung der Welt eingegriffen. Darin zeigt sich die Gottebenbildlichkeit und zugleich ehrt der Mensch dadurch Gott als den Schöpfer der Welt. Diese Auffassung kommt auch in der Einleitung des Mischnahtraktats Sabbat zum Ausdruck:[24]

"Dieser erste Tractat in der Ordnung Feste enthält eine grosse Anzahl Vorschriften, welche sich auf die Heiligung des siebenten Tages der Woche beziehen und in vielen Stellen der Torah verzeichnet sind. Die Heiligung kann sich durch das Gebot kundgeben, den Sabbath durch besondere Kleidung, durch Speise und frohes Beisammensein, namentlich zu religiösen Zwecken, auszuzeichnen, theils durch Ruhe, also Enthaltung von jeglicher Arbeit. Wiederum zeigt sich hier die Nothwendigkeit der mündlichen Lehre, da durch die schriftliche nicht genau angegeben ist, welche Arbeit verboten ist; man hätte ja auch das Essen und das Gehen als eine Arbeit ansehen können. Die Tradition hat 39 "Hauptarbeiten" als am Sabbath verboten angenommen und zwar alle diejenigen, welche beim Bau der Stiftshütte zur Anwendung kamen, da die Beobachtung des Sabbath an der Spitze des Baues der Stiftshütte vermerkt ist...Der Tractat Sabbath ist sehr umfangreich; er enthält 24 Abschnitte. Da durch die Beachtung des Sabbath*

---

[24] Tractat Schabbat, Einleitung aus: Mischnajot, Die sechs Ordnungen der Mischna, hebräischer Text mit Punktation, deutscher Übersetzung und Erklärung, Victor Goldschmidt Verlag Basel 1986

46

gleichsam der Glaube an einen Schöpfer, der die Welt aus nichts hervorgebracht hat, offenbart wird, die Nichtachtung desselben jedoch eine Gottesläugnung in sich schliesst, so sind die Strafen für die Entweihung des Sabbath auch sehr streng bemessen worden."

Gott hat in 6 Tagen die Welt geschaffen und diese Schöpfung ist Natur geworden. Seit dem ersten Sabbat existiert die Natur ohne weiteres Eingreifen Gottes weiter. Gott hat der Natur die Möglichkeit gegeben, sich selbst zu erhalten. Weil die Schöpfung bestehen kann, ohne dass Gott eingreift, kann die Welt auch einen Tag in der Woche ohne das Eingreifen des Menschen bestehen. Das Ruhen, das am Sabbat gemeint ist, ist deshalb nicht bloss das Gegenteil von Handeln, sondern verleiht dem Tun erst den Sinn.

Es vollendet die wöchentliche Schöpfungsarbeit. Die menschliche Arbeit ist nichts anderes als die Fortsetzung der göttlichen Schöpfungsarbeit. Der Mensch ist in seiner Gottebenbildlichkeit als Schöpfer tätig. Am Sabbat jedoch ruht die schöpferische Arbeit.

Gott hat dem Menschen die Verantwortung für die Schöpfung übertragen. Eine Verantwortung, die nicht abgegeben werden kann. Wir haben von unseren Vorfahren die Natur erhalten mit Sonne, Regen, Luft und Früchten und wir sind verpflichtet, sie unseren Nachkommen ebenso weiterzugeben. Weil die Schöpfung einen Tag in der Woche ohne unser Eingreifen auskommen kann, ist es Ausdruck dieser Verantwortung, einen Tag in der Woche die Natur nicht zu bearbeiten. Das heisst: nichts zu unternehmen, was die Natur verändert. So kann die Natur und die Umwelt einen Tag in

der Woche aufatmen. Gott selber hat am Sabbat aufgeat-
met:

"Denn in sechs Tagen hat der Herr Himmel und Erde gemacht; am siebten Tag ruhte er und atmete auf." Ex. 31,17

Auch der Mensch hat am Sabbat eine Atempause. Durch die Enthaltung von der täglichen Arbeit befreit der Sabbat den Menschen von der Eintönigkeit und der Wiederholung.

Sabbat - ein Gefühl der Freiheit

Der Sabbat eröffnet eine ungeheure Dimension der Freiheit. Man kann am Sabbat selber über die Zeit verfügen, ohne sich mit den wiederkehrenden Aufgaben des Alltags herum-schlagen zu müssen. Jeder kann sich selber sein und seine wahre Stellung als Mensch wiedererlangen. Die Dinge, die das tägliche Leben überschwemmen, sind am Sabbat unwichtig, und man hat Zeit für anderes, Zeit, die Früchte von 6 Tagen Arbeit zu geniessen.
Wir Menschen sind vor allem damit beschäftigt, verzweifelt zusammenzuraffen und zu horten.
Der Sabbat ist dazu da, um aus dem Kreis der Wirtschaft-lichkeit auszubrechen und sich aus dem Arbeitsbereich zurückzuziehen, um sich eine Weile innere Ruhe zu ver-schaffen. Ganz deutlich zeigt das Ex. 16,22-26:

"Am sechsten Tag sammelten sie die doppelte Menge Brot, zwei Krüge voll für jeden. Da kamen alle Sippenhäupter der Gemeinde

und berichteten es Mose. Er sagte zu ihnen: Es ist so, wie der Herr gesagt hat: Morgen ist Feiertag, heiliger Sabbat zur Ehre des Herrn. Backt, was ihr backen wollt, und kocht, was ihr kochen wollt, den Rest bewahrt bis morgen früh auf! Sie bewahrten es also bis zum Morgen auf, wie es Mose angeordnet hatte, und es faulte nicht, noch wurde es madig. Da sagte Mose: Esst es heute, denn heute ist Sabbat zur Ehre des Herrn. Heute findet ihr draussen nichts. Sechs Tage dürft ihr es sammeln, am siebten Tag ist Sabbat; da findet ihr nichts."

Das bedeutet, dass die Menschen 6 Tage arbeiten müssen, um während 7 Tagen zu essen. Das ist der Sinn des Sabbat. Deshalb wird am 6. Tag alles vorbereitet, auch heute noch. Diese Vorbereitung betrifft nicht nur das Einkaufen, sondern ist eine geistige, seelische und gefühlsmässige Vorbereitung.

Die Sabbatvorbereitung

Wer darauf wartet, dass der Sabbat zu ihm kommt, wird ihn nicht erfahren können. Der Sabbat ist so etwas wie ein Do-it-yourself-Projekt: Man muss in ihn hineingehen, um ihn verstehen zu können. Doch nicht nur der Freitag, sondern die ganze Woche dient der Vorbereitung auf den Sabbat. Am Freitag ist lediglich der Höhepunkt erreicht. Dann wird die Wohnung sauber gemacht, werden die Alltagssachen weggeräumt und der Tisch mit einem weissen Tischtuch und speziellem Geschirr festlich gedeckt. Das soll darauf hinweisen, dass mit dem Sabbat eine andere Zeit anbricht. Eine Zeit der Ruhe, der Möglichkeit über sich und sein Leben nachzudenken, eine Zeit mit Gott. Mit anderen Worten: ein

Stück Himmel auf Erden. Auf dieser Vorbereitung, die dann die Sabbatruhe erst ermöglicht, liegt ein grosser Segen. Im Propheten Jesaja gibt Gott folgende Verheissung für das Halten des Sabbats:

"Wenn du deinen Fuss am Sabbat zurückhältst und nicht deinen Geschäften nachgehst an meinem heiligen Tage und den Sabbat "Freude" nennst und den heiligen Tag des Herrn "geehrt"; wenn du ihn dadurch ehrst, dass du nicht deine Gänge machst und nicht deine Geschäfte treibst und nicht leeres Geschwätz redest, dann wirst du deine Freude haben am Herrn und ich werde dich über die Höhen der Erde gehen lassen und will dich speisen mit dem Erbe deines Vaters Jakob; denn Gott selber hat es gesagt."
Jes. 58,13f

Heiligung der Zeit

Der Sabbat unterscheidet sich von den Wochentagen dadurch, dass an ihm die Zeit geheiligt wird. Im Reich der Zeit ist das Ziel nicht *Haben*, sondern *Sein*. Wer schon einmal heilige Augenblicke erlebt hat, weiss, was das bedeutet. Ein heiliger Augenblick ist ein Schatz, der über die Zeit hinaus erhalten bleibt. Gott hat dem Menschen geboten, sich die Welt (den Raum) untertan zu machen und den Sabbat (die Zeit) zu heiligen. Die Bibel erklärt nicht den Raum für heilig, sondern die Zeit. Die Zeit ist das Göttlichste, das es gibt. Im Gegensatz zum Raum kann die Zeit nämlich nicht ergriffen werden, sondern ist ein Geschenk. Beim Raum kann man sich auf Kosten eines andern bereichern, nicht aber bei der Zeit. Man kann sie weder raffen noch stehlen noch vergeuden. Wir brauchen zwar den Ausdruck "jemandem die Zeit stehlen", doch ist das eigentlich ein Unsinn. Wenn ich jemandem eine halbe Stunde Zeit "stehle", hat der Betreffende deswegen nicht eine halbe Stunde weniger und ich dafür eine halbe Stunde mehr Zeit zur Verfügung. Jeder von uns hat gleichviel Zeit, denn sie gehört nicht uns. Beim Raum kann man sich jedoch um den Besitz streiten.

Die Bibel gibt der Zeit den Vorrang vor dem Raum und betont somit den Wert des Menschen. Darin hebt sie sich von der heidnischen Umwelt ab. Das Heidentum gibt nämlich dem Raum, d.h. der Materie, den Vorrang und misst somit dem Materiellen grössere Bedeutung bei als der Zeit. Wer dem Raum den Vorrang gibt, für den steht der Wert der Materie an erster Stelle. Wer der Zeit den Vorrang gibt, der stellt den Wert des Menschen an die erste Stelle. Was das bedeutet, kann am ehesten anhand eines Beispiels erklärt werden, das sich in unserer Zeit in mannigfachen Variationen wiederholt: An einer Hochzeit, bei der gegen 200 Gäste zum Aperitif erwartet wurden, sollte möglichst wenig Geld ausgegeben werden. Um sich die Ausgaben für den Getränkeservice zu sparen, hat das Brautpaar Leute beauftragt, die Getränke im Discounter einzukaufen. Diese Leute mussten nun die Getränke nach Hause nehmen, zur Kirche bringen, dort kühlstellen und schliesslich die leeren Harassen wieder mit nach Hause nehmen und im Discounter zurückgeben. Das ist zwar auf dem Papier billiger, als einen Getränkeservice zu engagieren - doch eben nur auf dem Papier. In dieser Rechnung ist nämlich die Zeit nirgends zu finden, die diese Leute investieren mussten, um die Getränke zu kaufen und wieder zurückzubringen. Sie ist

nichts wert und deshalb erscheint sie nicht auf der Abrechnung. Nicht der Wert des Menschen steht hier im Vordergrund, sondern der Wert der Materie. Die Zeit, die diese Menschen aufwenden mussten, um die Getränke billiger zu beschaffen, ist nichts wert. Diese Einstellung ist zutiefst heidnisch und in christlichen Kreisen weitverbreitet!
Sehr oft hat das Materielle den Vorrang gegenüber der Zeit. Die Bibel jedoch lehrt uns, die Zeit und damit den Menschen höher zu achten als den Raum resp. die Materie.

Anteil an der Ewigkeit

Die Hochachtung der Zeit findet im Sabbat ihren Ausdruck. Der Sabbat ist heilige Zeit. Zeit, die in der Feier des Sabbat eine Form erhält. Dadurch wird die Zeit geheiligt. Am Sabbat sind wir aufgerufen, Anteil zu nehmen an dem, was ewig ist in der Zeit. Sabbat ist ein Tag Ewigkeit oder ein Stück Himmel auf Erden. Deshalb ist der Sabbat nicht an einen Ort gebunden. Er umgibt uns, wo wir gerade sind. Für den Sabbat braucht es nicht einen festen Ort, sondern eine feste Zeit. Der Sabbat ist eine Pause im Meer von Lärm und Hektik, in der Rastlosigkeit und im Stress unserer Zeit. Unser innerer Motor arbeitet meist auf Hochtouren. Diesen Motor müssen wir abstellen. Heilung der Zeit kann nur geschehen, wenn Ruhe in die Seele einkehrt. Die jüdische Überlieferung lehrt, dass mit dem Anzünden der Sabbatkerzen die Seele ausgewechselt wird. Die Alltagsseele wird durch die Feiertagsseele ersetzt und ergreift vom Menschen Besitz.

Über die Zivilisation hinauswachsen

Der Sabbat ist der Tag, an dem wir die Kunst lernen, über die Zivilisation hinauszuwachsen und z.B. ohne Auto, Fernseher, Telefon oder Computer auszukommen. Es geht keineswegs darum, diese Dinge der Zivilisation abzulehnen oder gar davor zu fliehen, sondern eine gewisse Unabhängigkeit davon zu erreichen. Es bedeutet Freiheit, ein Auto, einen Fernseher, ein Telefon oder einen Computer zu haben und imstande zu sein, ohne sie auszukommen. Einen Tag in der Woche stillstehen und ein Stück Ewigkeit erfassen, ist eine Art Waffenstillstand im Existenzkampf. Sechs Tage sollen wir arbeiten - ein Tag herrscht Waffenstillstand. Der Sabbat ist der Tag, an dem wir die gewöhnlichen Tätigkeiten lassen, ein Tag, an dem wir sind, was wir sind, unabhängig davon, ob wir gelehrt sind oder nicht, ob wir erfolgreich sind oder versagt haben, ob wir berühmt sind oder unbedeutend. Am Sabbat bin ich, was ich bin - ein Mensch vor Gott.

Tag des Lobpreisens

Der Sabbat ist der Tag des Lobpreisens. Die Texte im jüdischen Gebetbuch für den Sabbat beinhalten vor allem Dank und Lobpreis. Folgender Text steht stellvertretend für viele andere[25]:

---

[25] Aus: Sidur Sefat Emet, Victor Goldschmidt Verlag Basel 1987

"Der Odem alles Lebenden lobe deinen Namen, Ewiger, unser Gott, und der Geist alles Fleisches rühme und verherrliche dein Andenken, unser König, beständig. Von Ewigkeit zu Ewigkeit bist du, o Gott, und ausser dir haben wir keinen König, Erlöser und Helfer, Retter und Befreier, Ernährer und Erbarmer in jeder Zeit der Not und Bedrängnis, wir haben keinen König ausser dir! Gott der Früheren und der Späteren, Gott aller Geschöpfe, Herr aller Geschlechter, der du gepriesen wirst durch die Fülle der Loblieder, der du deine Welt führst mit Gnade und deine Geschöpfe mit Erbarmen. Der Ewige schlummert und schläft nicht, er ermuntert die Schlafenden, erweckt die in Schlaf Versunkenen, macht beredt die Stummen, befreit die Gefesselten, stützt die Fallenden, richtet auf die Gebeugten. Dir allein danken wir, wäre unser Mund voll des Gesanges wie das Meer und unsere Zunge des Jubels wie das Rauschen seiner Wellen und unsere Lippen des Lobes wie die Weiten des Himmels und unsere Augen leuchtend wie Sonne und Mond und unsere Hände ausgebreitet wie Adler des Himmels und unsere Füsse rasch wie Hirsche - wir vermöchten doch nicht, dir genug zu danken, Ewiger, unser Gott und Gott unserer Väter, und deinen Namen zu loben."

Am Sabbat haben Sündenbekenntnisse, Bitten, Fasten, Trauer oder Kummer keinen Platz. Es ist Sünde, am Sabbat traurig zu sein, weil der Sabbat ein Stück Himmel auf Erden ist.

Daher ist er auch ein sorgenfreier Raum. Wir alle haben die Möglichkeit, uns dieses Stück Himmel auf die Erde zu holen. Nicht indem wir den jüdischen Sabbat kopieren, aber indem wir die wesentlichen Elemente überdenken und uns fragen, wie wir sie im christlichen Umfeld umsetzen können. Viele

Leute sind der Überzeugung, dass ein Christ die 10 Gebote halten sollte. Wer aber den Ruhetag nicht heiligt, hält nur neun der zehn Gebote.

Den Sonntag heiligen?

Als Konsequenz der Trennung von Kirche und Synagoge im 2. Jh. n.Chr. hat die Kirche den Auferstehungstag, resp. den Sonntag zum Ruhetag bestimmt. Das ist zwar nicht biblisch, doch lässt sich daran nichts mehr ändern. Wir müssen die Konsequenzen dieser bald 2000 Jahre alten Entscheidung tragen. Deshalb gilt es zu fragen, wie wir den Sonntag als Ruhetag gestalten sollen. Unsere Sonntagskultur geht immer mehr verloren. War es vor dreissig oder vierzig Jahren noch üblich, am Samstag Nachmittag zu baden und am Sonntag die Sonntagskleider anzuziehen, so ist das heute schon längst nicht mehr der Fall. Der Sonntag hebt sich kaum mehr vom Alltag ab - auch ein schön gedeckter Tisch und Sonntagsgeschirr gehören der Vergangenheit an. Wir müssen neue Formen finden, um den Sonntag zu heiligen. Eine Möglichkeit, dem Sonntag als heilige Zeit eine Form zu geben, kann darin bestehen, ihn bereits am Samstagabend zu beginnen. Es trägt sehr viel dazu bei, in Sonntagsstimmung zu kommen, wenn man es sich zur Gewohnheit macht, am Samstagabend den Tisch mit einem besonderen Tischtuch und schönem Geschirr zu decken, Kerzen auf den Tisch zu stellen und etwas Besonderes zu essen und zu trinken. Dabei kann man sich z.B. auch vornehmen, mit dem Nachtessen am Samstagabend alle Arbeit ruhen zu lassen, um einfach nur zu sein. Dann wird man entdecken, dass plötzlich jede Woche Zeit da ist, ein gutes Buch zu lesen, einen Bibeltext zu bewegen oder mit andern unbeschwert zusammenzusein. Jeder muss sein Ritual selber herausfinden. Doch wer konsequent den Sonntag heiligt, wird erfahren, dass ein solches TIME-OUT eine ganz gewaltige Erfahrung sein kann. So wie Jesaja sie beschreibt:

"... dann wirst du deine Freude haben am Herrn und ich werde dich über die Höhen der Erde gehen lassen und will dich speisen mit dem Erbe deines Vaters Jakob; denn Gott selber hat es gesagt." Jes 58,14

Jesus und der Sabbat

Immer wieder einmal taucht die Frage auf, ob Jesus den Sabbat gehalten oder gebrochen habe. Was heisst überhaupt Arbeiten am Sabbat? Warum hat er andere dazu verleitet den Sabbat zu "brechen"? Solche und andere Fragen stehen oft im Raum. Wir wollen deshalb das Thema Sabbat auch unter dem Aspekt "Heilen am Sabbat" behandeln. Dies soll anhand von Johannes 5 geschehen, der Geschichte von der Heilung des Kranken am Teich Bethesda, und Mt. 12, dem Mann mit der verdorrten Hand. Es soll dabei aber der zentralen Frage nach der Bedeutung des Sabbat zur Zeit Jesu nachgegangen werden. Wenn wir uns die Mühe nehmen, die jüdische Überlieferung auf die Bedeutung des Sabbats zu befragen, können wir interessante Entdeckungen zu den Texten in Johannes 5 und Mt. 12 machen. Das hilft uns dann auch, die gesamte Diskussion um das Sabbatgebot in den Evangelien zu verstehen.

Grundsätzliches

Der Sabbat nimmt im Judentum, vor allem seit dem babylonischen Exil (ca. 580 v.Chr.), eine zentrale Stellung ein. Die Beschneidung und das Halten eines Ruhetags waren damals die wesentlichen Merkmale des Judentums, die Kennzeichen gegenüber seiner Umwelt. Daher ist auch die Überlieferung über den Sabbat sehr umfangreich. Wenn wir die Texte über Sabbat und Sabbatgebote in den Evangelien verstehen wollen, ist es unerlässlich, die jüdische Tradition beizuziehen und zu studieren.

Da das Sabbatgebot in der Torah (5 Bücher Mose) sehr allgemein gehalten ist und einfach besagt, dass der siebte Tag ein Ruhetag sein soll, war es unbedingt nötig, genau festzulegen, was unter Ruhe, resp. Arbeit zu verstehen ist. Ansonsten versteht jeder darunter etwas anderes. Im 7. Kapitel des Traktat Sabbat in der Mischnah sind die 39 Hauptarbeiten (s.o.), die am Sabbat verboten sind, aufgezählt.

"Die Hauptarbeiten sind vierzig weniger eine, nämlich: Säen, Ackern, Ernten (Saaten ernten und Bäume ablesen), Garben binden, Dreschen, Worfeln, Früchte säubern, Mahlen, Sieben, Kneten, Backen (obgleich eigentliches Backen bei den Arbeiten der Stiftshütte nicht stattfand, so ist Backen dem Kochen gleich zu achten, und letzteres war zur Herstellung der Farben, die man brauchte, nötig; so wie die übrigen genannten Arbeiten als: Säen, Pflügen etc. zur Anfertigung des Färbestoffes notwendig waren);

Wolle scheeren (Wolle scheeren und die folgenden Arbeiten wurden zur himmelblauen Wolle usw. gebraucht), sie waschen, klopfen, färben, spinnen, anzetteln, zwei Binde-Litzen machen, zwei Fäden weben, zwei Fäden (im Einschlag oder Zettel) trennen, einen Knoten machen, einen Knoten auflösen, mit zwei Stichen festnähen, zerreissen, um mit zwei Stichen festzunähen (fand bei den Teppichen Anwendung); ein Reh fangen (diese Arbeiten kamen bei den Dachstellen vor), es schlachten, dessen Haut abziehen, sie salzen, das Fell bereiten, die Haare abschaben, es zerschneiden; zwei Buchstaben schreiben (zur Zusammenfügung der Bretter machte man Buchstaben, um zu wissen, welches Brett zu dem anderen gehört), auszulöschen, um zwei Buchstaben zu schreiben; bauen, einreissen (um zu bauen). Feuer löschen, anzünden (Feuer brauchte man, um die Färbekräuter zu kochen), mit dem Hammer schlagen (beim Schluss der Arbeit pflegte der Arbeiter mit dem Hammer auf den Amboss zu schlagen), aus einem Bereiche in einen andern tragen. - Dies sind die Hauptarbeiten vierzig weniger eine."[26]

Es drängt sich hier die Frage auf, wie dieser Katalog für die heutige Zeit noch gelten kann. Was ist nun heute unter Arbeit zu verstehen und was nicht? Diese Frage haben sich die jüdischen Ausleger auch immer wieder gestellt. Die grundlegende Auslegung der Gebote, wie sie in der Mischnah überliefert ist, muss immer wieder auf die jeweilige Zeit aktualisiert werden. Ein umfangreiches Beispiel dieser Aktualisierung ist der Talmud. In ihm werden die Texte der Mischnah diskutiert im Ringen um das rechte Verständnis der Schrift. Nun ist aber auch der Talmud ein Werk aus ver-

---

[26] mShab VII,2, siehe auch Abbildung S. 5

gangener Zeit, sodass die Aktualisierung immer wieder neu, auf der Basis von Mischnah und Talmud, vorgenommen werden muss. So fällt heute z.b. unter die grundsätzliche Arbeit "Wolle scheren": Haare schneiden, frisieren, Fingernägel schneiden und rasieren. Das heisst mit andern Worten: All diese Verrichtungen gelten als Arbeit und werden am Sabbat nicht ausgeführt. Ein jüdischer Mann rasiert sich am Sabbat und an Feiertagen nicht.

Ebenso fällt z.B. unter die grundsätzliche Arbeit des Säens heute das Bewässern des Gartens und das Wechseln des Wassers in der Blumenvase. Das sollen Beispiele sein, um zu zeigen, wie auch noch heute versucht wird, aus der biblischen Begründung heraus das Sabbatgebot zu verstehen und auszulegen.

Eine erste Konkretisierung des Sabbatgebots finden wir bereits in der Bibel selbst. So lesen wir in Jer. 17,21f Folgendes:

"So spricht der Herr: Hütet euch und tragt keine Last am Sabbattag durch die Tore Jerusalems und tragt keine Last am Sabbattag aus euren Häusern und tut keine Arbeit, sondern heiligt den Sabbattag, wie ich euren Vätern geboten habe."

Diese Auslegung bezieht sich auf die letzte der 39 Arbeiten, die in der Mischnah aufgezählt sind:

"...aus einem Bereiche in einen anderen tragen."

Nach diesen Voraussetzungen wollen wir nun die Texte in Joh. 5 und Mt. 12 untersuchen.

Der Kranke am Teich Bethesda, Joh. 5

"Jesus spricht zu ihm: Steh auf, nimm dein Bett und geh hin! Und sogleich wurde der Mann gesund und nahm sein Bett und ging hin. Es war aber an dem Tag Sabbat. Da sprachen die Judäer zu dem, der gesund geworden war: Es ist heute Sabbat; du darfst dein Bett nicht tragen. Er antwortete ihnen: Der mich gesund gemacht hat, sprach zu mir: Nimm dein Bett und geh hin! Da fragten sie ihn: Wer ist der Mensch, der zu dir gesagt hat: Nimm dein Bett und geh hin!? Der aber gesund geworden war, wusste nicht, wer es war; denn Jesus war weggegangen, weil sich dort eine grosse Menschenmenge angesammelt hatte." Joh. 5, 8-13

Die Judäer sprechen den Mann auf die Verletzung des Sabbatgebots an. Mit den Judäern sind in diesem Zusammenhang vor allem Pharisäer und Schriftgelehrte gemeint, die jeweils am Sabbat kontrollierten, ob die Bevölkerung von Jerusalem den Sabbat beobachtete. Übertretung des Sabbatgebotes war in doppelter Hinsicht schlimm:
1. kam es einer Gottesleugnung gleich (vgl. Einleitung zum Traktat Schabbat S. 45f) und
2. war man der Überzeugung, dass dann, wenn Israel einen Tag lang den Sabbat hält, der Messias kommt.

*"R. Levi hat gesagt: Wenn die Israeliten **Einen** Sabbat halten würden, wie sich's gebührt, so würde sofort der Sohn Davids kommen. Welchen Schriftgrund gibt es dafür? (Ex. 16,25) Mose sprach: 'Esset es heute; denn ein Ruhetag ist dieser Tag für den Herrn' - also nur **Ein** Tag. Ferner heisst es (Jes. 30,15) 'Durch Umkehr*

60

und Ruhigbleiben werdet ihr erlöst werden' *d.h. durch* **einen**
Sabbattag und Ruhigbleiben werdet ihr erlöst werden."[27]

"Heute, wenn ihr seine Stimme hört (Ps. 95,7). *R. Levi hat
gesagt: Wenn sie (die Israeliten) selbst nur* **einen** *Sabbat nach der
Vorschrift beobachten, so werden sie sofort erlöst, wie es heisst: An
diesem Tage, so ihr seine Stimme hört, und es heisst: 'Beobachtet
den Tag der Ruhe'* (5.Mose 5,12)"[28]

**Zudem haben wir es hier mit einer vorsätzlichen Entwei-
hung des Sabbats mit Verwarnung durch Zeugen zu tun, wie
es in der Einleitung zum Traktat Schabbat heisst:**

*"Wer vorsätzlich bei Verwarnung durch Zeugen das Sabbatgesetz
übertritt, wurde mit Todesstrafe, und zwar mittels Steinigung,
belegt."*[29]

Der Geheilte befand sich also in einer Zwickmühle. Er war
zwar geheilt worden, aber wenn er sich nicht entlasten
konnte, drohte ihm der Tod durch Steinigung. Er musste
Jesus unbedingt ausfindig machen. Jesus findet ihn(!) im Tempel und nach diesem Gespräch (V. 14) teilt der Geheilte den
Judäern mit, wer ihn geheilt hat. Daraufhin lesen wir im
Text:

*"Daraufhin verfolgten die Judäer Jesus, weil er dies am Sabbat
getan hatte."* Joh. 5,16

[27] yTaan 1,64a vgl. auch KohR 4,6
[28] MTeh 95 §2
[29] Tractat Schabbat, Einleitung, Goldschmidt, Basel 1986

Wenn wir uns jetzt die jüdische Überlieferung über den Sabbat in Erinnerung rufen, dann können wir verstehen, wie ernst diese Aussage ist. Die Judäer mussten Jesus unbedingt finden, damit sie ihn vor Gericht stellen konnten. Wer vorsätzlich den Sabbat bricht, wird mit dem Tode bestraft. In den nachfolgenden Versen des 5. Kapitels ist uns dann auch die Verteidigungsrede Jesu vor Gericht überliefert.

Bevor wir uns jedoch der Verteidigungsrede zuwenden, soll noch die Frage nach dem Heilen am Sabbat geklärt werden. Das lässt sich sehr gut am Text aus Mt. 12,1-14 zeigen:

Heilen am Sabbat, Mt. 12,1-14

"In jener Zeit ging Jesus an einem Sabbat durch die Kornfelder. Seine Schüler hatten Hunger; sie rissen deshalb Ähren ab und assen davon. Die Pharisäer sahen es und sagten zu ihm: Sieh her, deine Schüler tun etwas, was am Sabbat verboten ist. Da sagte er zu ihnen: Habt ihr nicht gelesen, was David getan hat, als er und seine Begleiter hungrig waren - wie er in das Haus Gottes ging und wie sie die heiligen Brote assen, die weder er noch seine Begleiter, sondern nur die Priester essen durften? Oder habt ihr nicht in der Torah gelesen, dass am Sabbat die Priester im Tempel den Sabbat entweihen, ohne sich schuldig zu machen? Ich sage euch: Hier ist einer, der grösser ist als der Tempel. Wenn ihr begriffen hättet, was es heisst: Barmherzigkeit will ich und nicht Opfer, dann hättet ihr nicht Unschuldige verurteilt; denn der Menschensohn ist Herr über den Sabbat. Darauf verliess er sie und ging in ihre Synagoge. Dort sass ein Mann, dessen Hand verdorrt war. Sie fragten ihn: Ist es am Sabbat erlaubt zu heilen? Sie suchten nämlich einen Grund zur Anklage gegen ihn. Er antwortete: Wer von euch wird, wenn ihm

am Sabbat ein Schaf in die Grube fällt, es nicht sofort wieder herausziehen? Und wieviel mehr ist der Mensch wert als ein Schaf! Darum ist es am Sabbat erlaubt, Gutes zu tun. Dann sagte er zu dem Mann: Streck deine Hand aus! Er streckte sie aus, und die Hand war wieder ebenso gesund wie die andere. Die Pharisäer aber gingen hinaus und fassten den Beschluss, Jesus umzubringen."

Die Schüler Jesu haben Ähren ausgerauft. Aufgrund der Liste in der Mischnah können wir dies der grundsätzlichen Arbeit "Ernten" zuteilen. Also war das verboten. Wie begegnet Jesus nun diesem Vorwurf?

Wir haben hier wieder ein Beispiel jüdischer Gelehrtendiskussion vor uns. Jesus bringt zuerst zwei Beispiele aus dem Älteren Testament. Die biblische Begründung ist das Wichtigste überhaupt. Dann weist er auf das bekannte Wort von Hos. 6,6 hin:

"Barmherzigkeit will ich und nicht Opfer."

Diesen Vers zitiert Jesus an verschiedenen Stellen. Es geht um die "Chesed", die Barmherzigkeit, und damit um die "Gemilut chasadim", die Liebeswerke[30]. In der jüdischen Überlieferung nehmen sie einen grossen Raum ein. Die Begründung für die Wichtigkeit der Liebeswerke liegt in der Haltung Gottes den Menschen gegenüber.

Weil Gott barmherzig ist, soll der Mensch auch barmherzig sein. So gehören zu den Liebeswerken Handlungen wie

---

[30] vgl. Lebenshaltung oder Zwang S. 166ff

Nackte kleiden, Kranke besuchen, Trauernde trösten, Fremde beherbergen und Gefangene auslösen.

Barmherzigkeit hat immer Priorität. Wer sein Leben in der Haltung der Barmherzigkeit verbringt, lebt nach dem Willen Gottes. Das heisst, wer Barmherzigkeit übt, lädt keine Schuld auf sich. In diesem Zusammenhang ist auch die nachfolgende Ermahnung zu verstehen:

"...dann hättet ihr nicht Unschuldige verurteilt."

Dasselbe gilt für das Heilen am Sabbat. Die Tradition hatte festgelegt, dass Heilen am Sabbat nur gestattet ist, wenn der Betroffene sich in Lebensgefahr befindet. Bestand keine Lebensgefahr, dann war Heilen ein Sabbatbruch. In der Mechilta de Rabbi Yischmael, einem Kommentar zum Ex., lesen wir Folgendes:[31]

"Einmal befanden sich R. Yischmael und R. El'asar b. Azarja und R. Akiba unterwegs auf einer Reise; Levi aber, der Ordner und R. Jischmael b. El'asar b. Azarja gingen hinter ihnen her (als Schüler). Vor ihnen wurde die Frage aufgeworfen: Woher lässt sich (aus der Schrift) erweisen, dass die Rettung eines Menschenlebens den Sabbat verdrängt? ...... R. El'asar b. Azarja antwortete: Wenn die Beschneidung, die nur eins von den Gliedern des Menschen betrifft, den Sabbat verdrängt, um wieviel mehr (Qal WaChomer) gilt das für (die Erhaltung) des ganzen übrigen Körpers!"

Jesus braucht die gleiche Argumentationsweise, die in dem Text der Mechilta vorliegt: Der Schluss Qal WaChomer, d.h.

---

[31] MekhY zu Ex. 31,13

64

vom Leichteren zum Schwereren oder umgekehrt. Wenn es schon selbstverständlich ist, einem Schaf am Sabbat zu helfen, um wieviel mehr erst einem Menschen! Jesus zeigt, dass es bei der Frage des Heilens am Sabbat nicht darum geht, ob Lebensgefahr besteht oder nicht, sondern darum, Gutes zu tun. Gerade am Sabbat soll die Lebenshaltung der Barmherzigkeit sichtbar werden. Die Bemühungen der Schriftgelehrten, den Sabbat einzuhalten, waren richtig, aber der Ansatz in ihren Überlegungen war falsch. Heilen am Sabbat ist nicht Arbeit, sondern Wohltat. Damit erweist man dem Kranken etwas Gutes. Jesus bricht also nicht den Sabbat, sondern er demonstriert hier mit Wort und Tat (was übrigens typisch für jüdische Gelehrte ist) das von Gott gemeinte Verständnis von Sabbat. Bei den judäischen Pharisäern jedoch kommt er damit nicht an. Sie überlegen, wie sie ihn umbringen könnten. Daraus ersehen wir, wie ernsthaft jede Diskussion über den Sabbat war. Es ging immer um Leben und Tod.
Kehren wir zurück zu Johannes 5, dann haben wir dort eine Gerichtsverhandlung, die der Heilung des Gelähmten folgte, überliefert.

Die Gerichtsverhandlung, Joh. 5, 17-47

In den Versen 17-47 ist eine Verteidigungsrede Jesu überliefert, die sich in drei Teile gliedert.

1. Bekenntnis zur Tat, V. 17-30

"17 Jesus aber antwortete ihnen: Mein Vater wirkt bis auf diesen Tag, und ich wirke auch. 18 Darum trachteten die Judäer noch viel

mehr danach, ihn zu töten, weil er nicht allein den Sabbat brach, sondern auch sagte, Gott sei sein Vater, **und machte sich selbst Gott gleich.** 19 Da antwortete Jesus und sprach zu ihnen: Wahrlich, wahrlich, ich sage euch: Der Sohn kann nichts von sich selbst tun, ausser was er den Vater tun sieht; denn was der tut, das tut ebenso auch der Sohn. 20 Denn der Vater hat den Sohn lieb und zeigt ihm alles, was er selbst tut; und er wird ihm grössere Werke als diese zeigen, damit ihr euch wundert. 21 Denn wie der Vater die Toten auferweckt und lebendig macht, so macht auch der Sohn lebendig, welche er will. 22 Denn der Vater richtet auch niemand, sondern das ganze Gericht hat er dem Sohn gegeben, 23 damit alle den Sohn ehren, wie sie den Vater ehren. Wer den Sohn nicht ehrt, ehrt den Vater nicht, der ihn gesandt hat. 24 Wahrlich, wahrlich, ich sage euch: Wer mein Wort hört und glaubt dem, der mich gesandt hat, [der] hat ewiges Leben und kommt nicht ins Gericht, sondern er ist aus dem Tod in das Leben übergegangen.

25 Wahrlich, wahrlich, ich sage euch, dass die Stunde kommt und jetzt da ist, wo die Toten die Stimme des Sohnes Gottes hören werden, und die sie gehört haben, werden leben. 26 Denn wie der Vater Leben in sich selbst hat, so hat er auch dem Sohn gegeben, Leben zu haben in sich selbst; 27 und er hat ihm Vollmacht gegeben, Gericht zu halten, weil er des Menschen Sohn ist. 28 Wundert euch darüber nicht, denn es kommt die Stunde, in der alle, die in den Gräbern sind, seine Stimme hören 29 und hervorkommen werden: die das Gute getan haben, zur Auferstehung des Lebens, die aber das Böse verübt haben, zur Auferstehung des Gerichts.

30 Ich kann nichts von mir selbst tun; so wie ich höre, richte ich, und mein Gericht ist gerecht, denn ich suche nicht meinen Willen, sondern den Willen dessen, der mich gesandt hat. "

Jesus bekennt sich zu der Tat der Krankenheilung und betont, dass er dies in Einheit mit Gott gemacht hat. Weil Vater und Sohn eine absolute Einheit sind, tun sie auch immer dasselbe. Damit hat sich Jesus in den Augen der Pharisäer ganz klar der Gotteslästerung schuldig gemacht.

Jesus geht noch weiter: Er kündet grössere und damit für die Judäer noch provokativere Werke an: die Macht, vom Tod zu erwecken (V. 21), und das Gericht (V. 27), wobei sein Gericht ein gerechtes Gericht sein wird (V. 30). Damit hat er implizit gesagt, dass das Gericht der Pharisäer, vor welches er gestellt ist, ein ungerechtes Gericht ist. Sowohl Auferweckung von den Toten als auch Richten kann nur Gott allein.

2. Die Zeugen, V. 31-40

"31 Wenn ich von mir selbst zeuge, so ist mein Zeugnis nicht wahr. 32 Ein anderer ist es, der von mir zeugt, und ich weiss, dass das Zeugnis wahr ist, das er von mir zeugt. 33 Ihr habt zu Johannes gesandt, und er hat der Wahrheit Zeugnis gegeben. 34 Ich aber nehme nicht Zeugnis von einem Menschen an, sondern dies sage ich, damit ihr errettet werdet. 35 Jener war die brennende und scheinende Lampe; ihr aber wolltet für eine Zeit in seinem Licht fröhlich sein. 36 Ich aber habe das Zeugnis, das grösser ist als das des Johannes; denn die Werke, die der Vater mir gegeben hat, dass ich sie vollbringe, die Werke selbst, die ich tue, zeugen von mir, dass der Vater mich gesandt hat. 37 Und der Vater, der mich gesandt hat, er selbst hat Zeugnis von mir gegeben. Ihr habt weder jemals seine Stimme gehört, noch seine Gestalt gesehen, 38 und sein Wort habt ihr nicht bleibend in euch; denn dem, den er *gesandt hat, dem glaubt ihr nicht. 39 Ihr erforscht die Schriften, denn ihr meint, in ihnen ewiges Leben zu haben, und sie sind es, die von mir zeugen; 40 und ihr wollt nicht zu mir kommen, damit ihr Leben habt."*

Basierend auf Dtn. 19,15 braucht es zwei bis drei Zeugen für eine Gerichtsverhandlung. Das Selbstzeugnis des Angeklagten gilt nicht als Beweis. Jesus nennt in diesem Teil seiner Verteidigungsrede seine Zeugen, nämlich V. 32 Johannes der Täufer.

Aber Jesus ist nicht auf das Zeugnis von Menschen angewiesen. Er besitzt das doppelte Zeugnis des Vaters:

V. 36 die Werke

V. 39 die Schrift

Die Wundertaten, die ihm der Vater gegeben hat, und die Schrift bezeugen, dass er der Sohn, der eine Gott ist, der das Leben gibt.

3. Richter und Angeklagte, V. 41-47

"41 Ich nehme nicht Ehre von Menschen; 42 sondern ich kenne euch, dass ihr die Liebe Gottes nicht in euch habt. 43 Ich bin in dem Namen meines Vaters gekommen, und ihr nehmt mich nicht auf; wenn ein anderer in seinem eigenen Namen kommt, den werdet ihr aufnehmen.

44 Wie könnt ihr glauben, die ihr Ehre voneinander nehmt und die Ehre, die von dem alleinigen Gott ist, nicht sucht? 45 Meint nicht, dass ich euch bei dem Vater verklagen werde; da ist [einer], der euch verklagt, Mose, auf den ihr eure Hoffnung gesetzt habt.

46 Denn wenn ihr Mose glaubtet, so würdet ihr mir glauben, denn er hat von mir geschrieben. 47 Wenn ihr aber seinen Schriften nicht glaubt, wie werdet ihr meinen Worten glauben?"

Die jetzigen Richter schenken Jesus dennoch keinen Glauben. Daher verheisst er ihnen, dass einst die Stunde kommen wird, in der sie die Angeklagten sein werden. Dann wird jedoch nicht Jesus sie anklagen, sondern Mose, auf den sie sich scheinbar gerade berufen.

Der Evangelist berichtet nicht, wie der Prozess geendet hat. Die Richter haben allerdings ihr Ziel, Jesus zu töten, nicht erreicht. Die Verhandlung endet ohne Todesurteil. Die Verteidigungsrede war hieb- und stichfest. Sie haben aber ihre Absicht nicht aufgegeben. Die Auseinandersetzung wird in Kap. 7 auf dem Laubhüttenfest weitergeführt.

Zusammenfassung

Die beiden Texte zeigen, dass Jesus weit davon entfernt war, den Sabbat zu brechen oder den Sabbat nicht zu heiligen. Es war ihm vielmehr ein Anliegen, zurückzuführen auf den ursprünglichen, gottgewollten Sinn dieses Gebots. Gerade die Tradition um das rechte Beobachten des Sabbats hat beängstigende Ausmasse angenommen. Aus dem Bestreben, den Sabbat vollumfänglich halten zu können, sind eine Vielzahl von Vorschriften und Regeln entstanden, die dem Sabbat jedoch seine Entspannung nahmen. Wer den ganzen Tag darauf bedacht ist, ja nichts falsch zu machen, kann sich kaum entspannen. Das war nicht die Absicht Gottes für einen Ruhetag. Auch in der jüdischen Überlieferung war man sich dessen bewusst. So lesen wir z.B. in der Mechilta:

"R. Schimon b. Menasja sagte: Siehe, es heisst: "Beobachtet den Sabbat, denn er ist heilig für euch" Ex. 31,14, d.h. euch ist der Sabbat übergeben und nicht ihr seid dem Sabbat übergeben (ausgeliefert)."[32]

Derselbe Gedanke findet sich auch im Neuen Testament:

"Der Sabbat ist um des Menschen willen gemacht und nicht der Mensch um des Sabbats willen." Mk. 2,27

---

[32] MekhY zu Ex. 31,13

70

Jesus der Messias

Im rabbinischen Judentum gibt es die wichtige Vorstellung von der Immanenz Gottes. Diese wird als Wort, Geist, Herrlichkeit, Weisheit, Kraft bezeichnet, und gleichzeitig sind diese Ausdrücke auch Bezeichnungen und Attribute Gottes. Alle diese Wörter kommen im Neuen Testament vor, sowohl auf Gott, als auch auf Christus bezogen. Dadurch wird nicht nur Christus als göttlicher Abglanz der Gottheit definiert, sondern auch die Einheit zwischen dem Vater und dem Sohn proklamiert, da doch diese Bezeichnungen gleichzeitig sowohl im rabbinischen Judentum als auch im Neuen Testament Bezeichnungen Gottes selbst sind..... Andererseits ändert sich durch diese Erkenntnis wohl auch manches in der christlichen Theologie. Wenn nämlich manche hohen Prädikate Christi vorchristlich und nichtchristlich-jüdisch sind, dann hängen sie nicht direkt mit dem 'nachösterlichen' Glauben zusammen. Sie wurden schon mit Jesus in Zusammenhang gebracht und haben das Christusbild bereichert und teilweise sogar geschaffen.... Nicht nur die Historiker, sondern auch die Theologen sollten sich mehr mit der Frage befassen, wieweit der historische Jesus ein Hoheitsgefühl hatte und wieweit es eine Brücke zwischen dem Selbstverständnis des historischen Jesus und dem 'nachösterlichen' Christusglauben gibt. Wenn es nämlich so wäre, wie gewisse Kathederchristen behaupten - und wie mir scheint mit einer masochistischen, selbstzerstörerischen Wut -, dass Jesus über sich nichts Besonderes oder nur sehr Geringes gedacht hat und dass seine Hoheitsansprüche *kirchlich-nachösterlich sind, dann verliert meiner Ansicht nach der christliche Glaube jeden Anspruch auf seine Glaubwürdigkeit..... Wenn man also die ersten drei Evangelien philologisch, literarkritisch und hauptsächlich aufgrund des jüdischen und hebräischen Wissens untersucht, kann man über Jesus, seine Lehre und sein hohes Selbstbewusstsein sehr viel erfahren. Ohne eingehende Kenntnisse des damaligen Judentums geht es nicht!*

David Flusser

2. Jesus der Messias

Die folgenden Texte haben eines gemeinsam: Sie beschäftigen sich mit der Frage der Messianität Jesu. In den Evangelien finden sich zahlreiche Hinweise Jesu auf seine Messianität. In der christlichen Theologie wurde und wird jedoch meist eine andere Ansicht vertreten. Christliche Theologen haben immer wieder betont, dass Jesus von sich selber nur ganz gering gedacht habe. Erst nach seiner Auferstehung sei seine Messianität offenbar geworden. Das führte zu einer Unterscheidung zwischen dem historischen Jesus und dem nachösterlichen Christusglauben.

Für die damaligen jüdischen Zuhörer hat Jesus aber immer wieder sehr klar bezeugt, dass er der Messias ist. In unserer christlichen Tradition ist uns das Verständnis und die Bedeutung dieser Hinweise und Andeutungen auf die Messianität Jesu verlorengegangen.

Im Folgenden werden daher einige Evangelientexte auf dem Hintergrund des damaligen Judentums auf das Selbstbewusstsein Jesu hin untersucht. Es ist erstaunlich, welch tiefgründige Aussagen in gewissen Redewendungen enthalten sind. Dabei soll, wieder einmal mehr, der Blick für die Kleinigkeiten geschärft werden.

2.1 Jesus der Messias im Johannesprolog

Das Johannesevangelium unterscheidet sich stark von den drei anderen Evangelien. Man hat sich deshalb auch gefragt, wer wohl die Adressaten, resp. die Leser dieses Evangeliums waren. Die Theologie hat keine einheitliche Antwort auf diese Frage gefunden. Man nahm lange Zeit an, dass die Adressaten vor allem griechische Christen in Kleinasien waren, hat aber zunehmend auch die starke Verwandschaft des Johannes mit dem Gedankengut in Qumran festgestellt.

Wie dem auch sei, wir wollen uns im Zusammenhang mit dem Messias dem Johannesprolog widmen, also den ersten Versen des Johannesevangeliums. Auch hier soll es wieder darum gehen, nach dem jüdischen Hintergrund zu fragen. Dabei werden wir natürlich auch nicht an der Frage vorbeikommen, wer das Evangelium überhaupt verstehen konnte und für wen das, was es enthält, bedeutsam und aktuell war. Es soll aber auch in die Tiefe führen, zu einem ganz neuen Verständnis dieses Abschnitts, der so reich befrachtet ist. Die Erarbeitung des jüdischen Hintergrunds und das Bemühen, sich in jüdische Zuhörer zur Zeit Jesu zu versetzen, ermöglicht es, einen ganz neuen Zugang zu den Texten des Neuen Testaments zu finden.

Die biblische Weisheit

Die Gedanken des Johannesprologs haben ihre geistige Heimat in der Weisheitsliteratur. Die Weisheit ist eine geistige Bewegung, die in allen Kulturen des alten Orients beheimatet war. Ihren literarischen Niederschlag hat sie in einer besonderen Literaturgattung, der Weisheitsdichtung, gefunden. Im Mittelpunkt des weisheitlichen Denkens steht der Mensch und sein Verhalten mit dem Ziel, dieses in die alles umfassende Weltordnung einzugliedern. Zu den biblischen Weisheitsbüchern gehören eine Anzahl Psalmen, die Sprüche Salomos, die Bücher Hiob und Prediger sowie Jesus Sirach und das Buch der Weisheit. Letztere zwei zählen zu den sogenannt apokryphen Büchern der Bibel, d. h. dass sie bei der Kanonbildung im 2. Jh. n. Chr. aus unbekannten Gründen nicht zu den heiligen Schriften des Älteren Testaments genommen wurden. Dadurch, dass es zur Zeit Jesu diesen Kanon des Älteren Testaments noch nicht gab, gehörten auch Schriften wie Jesus Sirach und das Buch der Weisheit zu den heiligen Schriften, die studiert wurden. Es ist das hier erwähnt, weil diese Tatsache gerade im Zusammenhang mit Joh. 1 besonders deutlich wird.

Vor allem im Buch der Sprüche, in den ersten neun Kapiteln, tritt Gott und sein Wille in Form der Weisheit an den Menschen heran. Die Weisheit wird dort das erste Schöpfungswerk genannt. Weisheit ist allein bei Gott vollkommen. Er hat gewissen auserwählten Menschen Weisheit abgegeben (z.B. Salomo und Joseph). Gaben der Weisheit sind Gottesfurcht und Gotteserkenntnis. Da die Weisheit aber immer Offenbarung Gottes an den Menschen ist, hat sie ihren konkreten Ausdruck vor allem in der Torah, der Weisung Gottes (meist falsch übersetzt mit Gesetz), gefunden.

Bereits in Dtn. 4,6 gilt das Halten der Torah als Zeichen der Weisheit. Diese Verbindung von Weisheit und Torah findet sich z.B. auch in den Psalmen 1 und 119 sowie im Buch der Sprüche und in Jesus Sirach.

Weisheit und Torah

Das 24. Kapitel des Sirachbuchs gibt uns eine umfassende Beschreibung dieser Weisheit Gottes, die in der Torah ihren Ausdruck gefunden hat:

"4 Ich (die Weisheit) ging vom Munde des Höchsten aus
5 und bedeckte wie Nebel die Erde.
6 Mein Zelt war in der Höhe und mein Thron auf den Wolken.
7 Ich allein durchwanderte das Himmelsgewölbe
8 und durchzog die Tiefen des Abgrunds.
9 Auf den Wogen im Meer, überall auf Erden,
10 unter allen Menschen und Völkern gewann ich Besitz.
11 Bei diesen allen suchte ich Wohnung, um bei einem von ihnen einen Erbbesitz zu finden.
12 Da gebot mir der Schöpfer aller Dinge, und der mich geschaffen hat, gab mir eine bleibende Wohnung
13 und sprach: In Jakob sollst du wohnen und in Israel soll dein Erbbesitz sein.
14 Vor der Welt, im Anfang bin ich geschaffen und werde ewig bleiben.
15 Ich habe vor ihm im heiligen Zelt gedient und danach auf dem Zion eine feste Stätte gefunden; so hat er mich in die geliebte Stadt gesetzt, dass ich in Jerusalem regieren sollte....
25 Kommt her zu mir, alle, die ihr nach mir verlangt,
26 und sättigt euch an meinen Früchten!...
28 Wer von mir isst, den hungert immer nach mir;
29 und wer von mir trinkt, den dürstet immer nach mir.....
32 Dies alles ist das Buch des Bundes, den der höchste Gott aufgerichtet hat,

33 nämlich das Gesetz, das uns Mose befohlen hat, das Erbe der
Gemeinde Jakobs....
45 Nun lasse ich meine Lehre leuchten weithin wie der lichte Mor-
gen und lasse sie scheinen bis in die Ferne."
Aus Sir. 24

In diesem Abschnitt wird deutlich, dass mit der Weisheit Gottes die Torah gemeint ist. Sie ging vom Himmel aus, *"vom Munde des Höchsten"* (V. 4), durchschweifte alle Nationen, bis sie schliesslich Wohnung in Israel zugeteilt bekam (V. 7-13). Sie war im Anfang *"vor der Welt geschaffen"* (V. 14). Diesselbe Aussage finden wir auch in Sprüche 8,22:

"Der Herr hat mich geschaffen am Anfang seiner Wege, ehe er etwas schuf, von Anbeginn her."

Das heisst: Am Anfang wurde die Torah, das Wort Gottes, geschaffen (Sir. 24,14 und Spr. 8,22). Und dieses geschaffene Wort, die Torah, war bei Gott (Sir. 24,6). Sie ging vom *"Munde des Höchsten"* aus, d.h. sie ist göttlich (Sir. 24,4).
Vergleichen wir diesen Befund mit Joh. 1,1, dann machen wir eine interessante Entdeckung. Johannes griff diese Lehre von der Torah, die zur damaligen Zeit allgemein bekannt war, auf und hat sie umgestaltet.

Messias und Torah

"Am Anfang war das Wort" Joh. 1,1

Im Gegensatz zur Torah, die geschaffen ist, sagt Johannes vom wahren Wort, dass es ist, resp. dass es war. D.h. es ist ewig, es ist nicht geschaffen.

*"Und das Wort war bei Gott und Gott **war** das Wort"*

Dieses Wort **ist Gott** und nicht göttlich (von Gott geschaffen) wie die Torah.
Aus den Texten im Sirachbuch kann man ersehen, wie hoch der Stellenwert der Torah im damaligen Israel war. Aber trotz des hohen Stellenwerts hätte niemand behauptet, dass die Torah Gott gleichzustellen sei. Sie ist nicht Gott selbst, sondern von Gott geschaffen und somit göttlich. **Das Wort** hingegen, sagt Johannes, **ist Gott**, d.h. der Messias.

"Dasselbe war im Anfang bei Gott" Joh. 1,2

Dieses Wort, der Messias, ist ungeschaffen bei Gott von allem Anfang an. Diese Aussage finden wir auch im Kolosserbrief 1,15ff:

*"Er (Jesus) ist das Ebenbild des unsichtbaren Gottes, der Erstgeborene **vor** aller Schöpfung. Denn in ihm ist alles geschaffen, was im Himmel und auf Erden ist, das Sichtbare und das Unsichtbare...Und er ist vor allem, und es besteht alles in ihm."*

Ebenso Joh. 1,3

"Alle Dinge sind durch dasselbe gemacht, und ohne dasselbe ist nichts gemacht, was gemacht ist."

Weshalb betont nun Johannes dies so stark? Nach der jüdischen Auffassung hat Gott die Torah, als er die Welt erschuf, als Vorlage für die Schöpfung bereits gehabt, wie ein Architekt seinen Bauplan. Zu dieser Auslegung kam man auf Grund von Spr. 8,22, wo es heisst, dass Gott am Anfang seiner Wege die Torah geschaffen hat. So lesen wir z.B. in den Sprüchen der Väter Folgendes:

"Lieblinge Gottes sind die Israeliten....eine besondere Liebe ist ihnen kundgetan worden, dass ihnen ein kostbares Gerät gegeben worden ist, durch das die Welt erschaffen worden, denn es heisst (Spr. 4,2): Denn eine gute Lehre habe ich euch gegeben, meine Torah, verlasset sie nicht."[33]

Wenn Gott die Welt mit Hilfe der Torah geschaffen hat, dann ist es die Aufgabe des Menschen, die Torah zu studieren, um die Welt zu verstehen. Ins Zentrum dieser Torah ist nun Gott in Gestalt des Messias getreten. Johannes geht es vor allem darum, die Stellung der Torah und die Stellung Gottes als Messias klar zu definieren. Beide werden einander gegenübergestellt, und die Torah wird in die ihr gebührende Stellung gewiesen.

Zu den Versen Joh. 1,4 und 5 gehört auch Vers 9:

---

[33] mAv III,15, derselbe Gedanke findet sich auch in BerR 1,1

"In ihm war das Leben, und das Leben war das Licht der Menschen. Und das Licht scheint in der Finsternis, und die Finsternis hat's nicht ergriffen.
Das war das wahre Licht, das alle Menschen erleuchtet, die in diese Welt kommen."

Auch diese drei Verse wollen ganz vom damaligen Torahverständnis her gelesen werden: Die Torah gibt Leben und ist ein Licht. Folgende Bibelstellen verdeutlichen das:

*"Durch dein Wort **belebe** mich."* Ps 119,154
*"Ihr sucht in der Schrift, denn ihr meint, in ihr **ewiges Leben** zu haben."* Joh 5,39
*"Dein Wort ist meines Fusses **Leuchte** und ein **Licht** auf meinem Wege."* Ps. 119,105

Die Torah **gibt** Leben, aber sie **ist nicht** das Leben, die Torah **leuchtet**, aber sie **ist nicht** das Licht. Dem setzt nun Johannes entgegen, dass Gott im Messias das wahre Licht ist und nicht bloss eine Leuchte und ein Licht auf dem Weg. Auch wenn Israel die Torah als Licht angenommen hat, haben im Messias nicht alle das wahre Licht erkannt. Es gibt aber viele, die das erkannt haben:

"Wieviele ihn aber aufnahmen, denen gab er Macht, Gottes Kinder zu werden, denen, die an seinen Namen glauben." Joh. 1,12

Es ist nicht so, dass alle das wahre Licht abgelehnt haben, sagt Johannes, und diejenigen, die das Wort aufgenommen haben, gleich welcher Herkunft, die wurden Gotteskinder.

Dieser Gedanke lehnt sich wieder ganz eng an Sir. 24,7-11 an, wo es von der Torah heisst, dass sie zu allen Nationen ging und Wohnung suchte und Besitz gewann.
Deshalb ist es ganz natürlich, dass Joh. 1,14 den Gedanken vom Wohnen aufnimmt:

"Und das Wort ward Fleisch und wohnte unter uns."

Sir 24,12.13 und 15 beschreiben, dass es eine Zeit gab, da die Torah Wohnung nahm in Israel, und zwar, als sie aufgeschrieben und somit Buch wurde. Diese Aussage beinhaltet wiederum einen Kontrast: Die Torah wurde Buch, das Wort wurde Fleisch. In Joh. 1,17 wird dann ganz offen, auch für uns ersichtlich, die unterschiedliche Gewichtung von Torah und Messias erwähnt:

"Denn die Torah ist durch Mose gegeben; die Gnade und Wahrheit ist durch Jesus, den Messias geworden."

Die Torah ist **geschaffen** und daher gegeben. Gnade und Wahrheit (רַב חֶסֶד וֶאֱמֶת)[34], d.h. Gott selber, ist **geworden**. Der ganze Prolog ist diesem Thema gewidmet: Die Torah und Gott im Messias. Die Torah wird dadurch nicht verachtet oder herabgesetzt, sondern Johannes verweist sie lediglich in die ihr angemessene Stellung. Die Torah steht nicht höher als Gott, der Messias. Diese Tatsache ist vor allem im Zusammenhang mit dem Torahverständnis, das uns in den Evangelien begegnet, von grosser Wichtigkeit. Wenn der

---

[34] vgl. Ex. 34,6: "Herr, Herr, Gott, barmherzig und gnädig und geduldig und von grosser Gnade und Wahrheit (Rav Chesed weEmet - רַב חֶסֶד וֶאֱמֶת)

Messias der Schöpfer der Torah ist, dann ist nur er ihr recht-
mässiger Ausleger.

Der Besitz der Torah gibt Israel keine Sonderstellung und
berechtigt auch keineswegs zu Hochmut. Johannes will in
seinem Prolog gerade die überragende Bedeutung des wahren Wortes - Gott selber -, das in Jesus gegenwärtig ist, auf-
zeigen.

Auf diesem Hintergrund wird klar, dass die Botschaft des
Johannesprologs mit grosser Wahrscheinlichkeit an bibel-
treue Juden gerichtet war. Für sie war es auch von Bedeutung, das Verhältnis von Gott/Messias und der Torah im
rechten Licht zu sehen.

2.2 Die Speisung der Fünftausend

1 Danach ging Jesus an das andere Ufer des Sees von Galiläa, der auch See von Tiberias heisst.

2 Eine grosse Menschenmenge folgte ihm, weil sie die Zeichen sahen, die er an den Kranken tat.

3 Jesus stieg auf den Berg und setzte sich dort mit seinen Schülern nieder.

4 Das Pascha, das Fest der Juden, war nahe.

5 Als Jesus aufblickte und sah, dass so viele Menschen zu ihm kamen, fragte er Philippus: Wo sollen wir Brot kaufen, damit diese Leute zu essen haben?

6 Das sagte er aber nur, um ihn auf die Probe zu stellen; denn er selbst wusste, was er tun wollte.

7 Philippus antwortete ihm: Brot für zweihundert Denare reicht nicht aus, wenn jeder von ihnen auch nur ein kleines Stück bekommen soll.

8 Einer seiner Schüler, Andreas, der Bruder des Simon Petrus, sagte zu ihm:

9 Hier ist ein kleiner Junge, der hat fünf Gerstenbrote und zwei Fische; doch was ist das für so viele!

10 Jesus sagte: Lasst die Leute sich setzen! Es gab dort nämlich viel Gras. Da setzten sie sich; es waren etwa fünftausend Männer.

11 Dann nahm Jesus die Brote, sprach das Dankgebet und teilte an die Leute aus, soviel sie wollten; ebenso machte er es mit den Fischen.

12 Als die Menge satt war, sagte er zu seinen Schülern: Sammelt die übriggebliebenen Brotstücke, damit nichts verdirbt.

13 Sie sammelten und füllten zwölf Körbe mit den Stücken, die von den fünf Gerstenbroten nach dem Essen übrig waren.

14 Als die Menschen das Zeichen sahen, das er getan hatte, sagten sie: Das ist wirklich der Prophet, der in die Welt kommen soll.
15 Da erkannte Jesus, dass sie kommen würden, um ihn in ihre Gewalt zu bringen und zum König zu machen. Daher zog er sich wieder auf den Berg zurück, er allein.

Jesus stieg auf einen Berg und lehrte dort seine Schüler. Das kann man daraus schliessen, dass er sich setzte. Der Lehrende sitzt immer. Das Volk zog ihm nach. Es war kurz vor dem Passah, deshalb auch der Hinweis, dass die Leute sich ins Gras setzten. Nur im Frühling gibt es Gras auf den Wiesen, nachher ist alles dürr. Die Nähe des Passafestes ergab zudem eine spezielle Atmosphäre. Denn am Passafest (im Monat Nisan) wird die Offenbarung des Messias, des grossen Befreiers, erwartet!

*"Die Väter der Welt werden dereinst im **Nisan** (dem Monat der messianischen Erlösung) hintreten und zu ihm sagen: Ephraim, unser gerechter Messias, obwohl wir deine Väter sind, so bist du doch grösser als wir, weil du die Sünden unserer Kinder getragen hast; und harte Strafen sind über dich ergangen, wie sie nicht über die Früheren und die Späteren ergangen sind, und du wurdest zum Gelächter und Gespött unter den Völkern der Welt wegen Israels, und du sassest im Finstern und Dunkel und deine Augen sahen kein Licht."[35]*

Die vielen Wundertaten haben beim Volk die Hoffnung geweckt, dass Jesus der verheissene Messias ist. Sollte also das kommende Passahfest **das** Fest sein, an dem sich dieser

---

[35] PesR 37

Rabbi Jesus als der grosse Messias-König offenbart? Johannes überliefert uns, dass die Menschen gesagt haben, dass Jesus **der** Prophet sei, der in die Welt kommen soll[36].

In dieser Erwartung erlebten die anwesenden Leute nun die wunderbare Speisung. Jesus nahm die Brote, sprach das Dankgebet, wie das noch heute beim Beginn einer jüdischen Mahlzeit üblich ist, und brach die Brote. Es waren etwa fünftausend Männer anwesend, dazu noch Frauen und Kinder. Der in vielen Bibelübersetzungen verwendete Titel "Speisung der Fünftausend" ist irreführend, denn es wurden nur die Männer gezählt. Rechnen wir zu jedem Mann noch eine Frau und zwei Kinder dazu, dann können es durchaus Zwanzig bis Fünfundzwanzigtausend Menschen gewesen sein, die Jesus hören wollten!!

Nach dem Essen geschieht ein Umschwung. In Joh. 6,15 steht:

"Da erkannte Jesus, dass sie kommen würden, um ihn in ihre Gewalt zu bringen und zum König zu machen. Daher zog er sich wieder auf den Berg zurück, er allein."

Die Volksmassen wollten Jesus gewaltsam zum König machen. Sie hatten lange gewartet und gehofft und dachten, dass jetzt die Zeit zum Handeln sei.

Jesus zog sich zurück auf den Berg, allein. Damit hat er nicht etwa gezeigt, dass er nicht der Messias sei, er hat aber deutlich gezeigt, dass er sich nicht zwingen lässt! Das Bekenntnis zu seiner Messianität steht in den folgenden Versen:

---

[36] vgl. S 28f und 145f

16 Als es aber spät geworden war, gingen seine Schüler zum See hinab,

17 bestiegen ein Boot und fuhren über den See, auf Kafarnaum zu. Es war schon dunkel geworden, und Jesus war noch nicht zu ihnen gekommen.

18 Da wurde der See durch einen heftigen Sturm aufgewühlt.

19 Als sie etwa fünfundzwanzig oder dreissig Stadien gefahren waren, sahen sie, wie Jesus über den See ging und sich dem Boot näherte; und sie fürchteten sich.

20 Er aber rief ihnen zu: Ich bin es; fürchtet euch nicht!

21 Sie wollten ihn zu sich in das Boot nehmen, aber schon war das Boot am Ufer, das sie erreichen wollten. Joh. 6, 16-21

Als die Schüler Jesus auf dem Wasser sahen, erschraken sie zutiefst. Jesus rief ihnen zu:

"Ich bin es; fürchtet euch nicht!"

Es handelt sich hier wieder um denselben Ausdruck, dem wir schon in Joh. 13 begegnet sind[37]: "ich bin es" heisst auf hebräisch: ani hu - אֲנִי הוּא - eigentlich: *ich bin er*.

"Jakob, höre auf mich, höre mich Israel, den ich berief: **Ich bin es,** *ich, der Erste und auch der Letzte" Jes. 48,12.*

Ich bin es/ani hu ist im Älteren Testament immer auf Gott bezogen. Dadurch, dass Jesus mit diesen Worten antwortet, identifiziert er sich ganz mit Gott und gibt sich seinen Schülern als Messias zu erkennen.

---

[37] vgl. S. 38

2.3 Ich bin das Brot des Lebens...
Joh. 6,22-69

Auch die sogenannte Brotrede in Joh. 6 wirft einige Fragen auf, die einer Erklärung vom jüdischen Hintergrund her bedürfen. Wie kann Jesus dazu auffordern, sein Fleisch zu essen und sein Blut zu trinken, wo doch der Genuss von Blut einem Juden strengstens untersagt ist? Und was soll in diesem Zusammenhang die Bemerkung, dass das Fleisch zu nichts nütze ist? Das würde sich ja eigentlich widersprechen. Wenn wir solche Aussagen nicht ganz von ihrem jüdischen Hintergrund her zu verstehen versuchen, können wir sie nicht in ihrer eigentlichen Bedeutung erfassen. In der christlichen Auslegung wird diese Stelle in der Regel auf das Abendmahl hin gedeutet. Wenn wir uns mit den jüdischen Wurzeln beschäftigen, müssen wir aber immer wieder fragen, ob solche Deutungen gerechtfertigt sind. Die grundlegende Frage muss daher lauten: Was haben die damaligen Hörer gehört und verstanden? In diesem Sinne wollen wir diesen Text aus Joh. 6,22-69 ganz neu zu uns sprechen lassen.

Die unvergängliche Speise

Die Brotrede Jesu schliesst sich an das Wunder der Brotvermehrung, die Speisung der Fünftausend, an. Das Volk kommt zu Jesus in Kapernaum. Er beginnt seine Lehre damit, dass er dem Volk zu einem richtigen Verhältnis ihm gegenüber verhelfen will. Die Leute haben bei der Brotvermehrung sehr wohl begriffen, dass er der Messias, resp. der Prophet wie Mose ist.[38] Nun geht es darum, damit richtig umzugehen.

"Schafft euch Speise, die nicht vergänglich ist, sondern die bleibt zum ewigen Leben. Die wird euch der Menschensohn geben; denn auf dem ist das Siegel Gottes des Vaters. Da fragten sie ihn: Was sollen wir tun, dass wir Gottes Werke wirken? Jesus antwortete und sprach zu ihnen: Das ist Gottes Werk, dass ihr an den glaubt, den er gesandt hat." Joh. 6,27-29

An den Messias glauben ist die richtige Haltung. Glaube ist ein Kernbegriff im jüdischen Bewusstsein. Es handelt sich dabei nicht um einen Verstandesakt. Im Judentum geht es nicht wie im Christentum darum, irgendwelche Glaubenssätze für wahr zu halten. Damit verkommt die Religion zu einem toten Katechismus, der nicht lebt. Glaube im biblischen Sinn meint etwas Ganzheitliches. Das ganze Sein, die ganze Existenz in Gott festmachen. Von derselben hebräischen Wortwurzel - aman - אָמַן, von der das Wort Glaube - emunah - אֱמוּנָה kommt, stammen auch die Wörter Erzieher, Menschenbildner, Baumeister und Kunst. Das gibt einen Hinweis darauf, wie das hebräische Wort Glaube (emunah - אֱמוּנָה) verstanden werden will. Glaube heisst: Gestaltung, Bildung, Erziehung und Leitung unseres ganzen Seins Gott überlassen. Glauben ist eine Lebenshaltung, die sich darin

---

[38] vgl. Joh. 6,14. Der Messias wird bezeichnet als der Prophet wie Mose nach Dtn. 18,18ff: "Ich will ihnen einen Propheten, wie du (Mose) bist erwecken aus ihren Brüdern und meine Worte in seinen Mund geben; der soll zu ihnen reden alles, was ich ihm gebieten werde. Doch wer meine Worte nicht hören wird, die er in meinem Namen redet, von dem will ich's fordern." Vg. auch S. 28f und 145f

zeigt, dass man sich selbst Gott als bildungsgefügigen Stoff überlässt.[39] An den Messias glauben heisst also, sich ihm ausliefern, ihm vertrauen, dass er in jedem Fall richtig handelt. Diese Forderung bezieht sich auf Joh. 6,15, wo es heisst, dass Jesus sich dem Volk entzog, weil es ihn gewaltsam zum König machen wollte.

Glauben zum einen und unvergängliche Speise zum andern ist die Forderung Jesu. Doch was ist damit gemeint? Was bedeutet der Ausdruck "unvergängliche Speise"? Die Frage, die die Leute an Jesus richten, kann uns weiterhelfen.

"Was tust du für ein Zeichen, damit wir sehen und dir glauben? Was für ein Werk tust du? Unsere Väter haben in der Wüste das Manna gegessen, wie geschrieben steht: 'Er gab ihnen Brot vom Himmel zu essen'."

Das Brot vom Himmel

Die Leute verlangen von Jesus ein Zeichen oder ein Werk, um glauben zu können. Das ist durchaus gerechtfertigt, denn ein Prophet muss sich auch als solcher bestätigen und das geschieht durch ein Zeichen. Das Zeichen, das die Leute erwarten, soll grösser sein als die Gabe des Manna durch Mose. In diesem Zusammenhang müssen wir uns die Frage stellen, was mit der Erwähnung des Manna gemeint ist.

Manna war Gabe, war Brot, das vom Himmel gekommen war. Wenn Jesus also der Messias und damit der verheissene Prophet wie Mose ist, dann wird er auch Wunder wie Mose

---

[39] vgl. dazu: Hirsch, Samson Raphael, Der Pentateuch, 1. Teil: Die Genesis, 5. Auflage 1911, S. 226

tun. Im jüdischen Kommentar zum Predigerbuch lesen wir dazu Folgendes:

"R. Berechja sagte im Namen des R. Jitzchaq: **Wie der erste Erlöser (Mose) wird auch der letzte (der Messias) handeln:** *wie es vom ersten Erlöser heisst (Ex. 4,20):* 'Mose nahm seine Frau und seine Söhne und liess sie auf einem Esel reiten', *so auch der letzte Erlöser (Sach. 9,9):* 'Niedrig und reitend auf einem Esel'. **Wie der erste Erlöser das Manna herabkommen liess (Ex. 16,4):** 'Siehe, ich will auf euch Brot vom Himmel regnen lassen', **so wird auch der letzte Erlöser das Manna herabkommen lassen** *(Ps. 72,16):* 'Voll stehe das Getreide im Lande'. *Wie der erste Erlöser den Brunnen aufsteigen liess, so wird auch der letzte Erlöser Wasser aufsteigen lassen (Joel 4,18):* 'Ein Quell wird vom Hause des Herrn ausgehen'."[40]

Weil Mose Manna vom Himmel herabkommen liess, wird das auch der Messias tun. Damit ist aber die Bedeutung des Manna noch nicht ausgeschöpft. Denn in der Wüste kam nicht nur das Manna vom Himmel, sondern auch die Torah. Auch sie war Gabe, war Brot vom Himmel und damit Speise, die gegessen werden musste. Darauf spielt Jesus an, wenn er in seiner Antwort an die Leute sagt:

"Wahrlich, wahrlich, ich sage euch: Nicht Mose hat euch das Brot vom Himmel gegeben, sondern mein Vater gibt euch das wahre Brot vom Himmel. Denn Gottes Brot ist das, das vom Himmel kommt und gibt der Welt das Leben." Joh. 6,32f

---

[40] KohR 9,1

Wir haben es hier mit der Lehre von der Torah zu tun, wie sie zur damaligen Zeit allgemein bekannt war. Diesen Befund haben wir schon im Johannesprolog angetroffen (Siehe S. 74ff). Dort geht es Johannes darum, die Stellung der Torah und die Stellung des Messias klar zu definieren. Beide werden einander gegenübergestellt und die Torah wird ganz deutlich in die ihr gebührende Stellung gewiesen. Der Messias - Gott selbst - steht über der Torah. Die Torah wurde Buch, das Wort wurde Fleisch. Das ist die gedankliche Voraussetzung der Brotrede Jesu. Das wahre Brot vom Himmel ist nicht die Torah. Das wahre Brot ist ebenso wie das wahre Licht (Joh. 1,9) Gott, der in der Gestalt des Messias vom Himmel gekommen und Fleisch geworden ist. Ein weiterer Hinweis, dass mit dem Manna die Torah gemeint ist, finden wir in den Versen 34 und 35:

"Da sprachen sie zu ihm: Herr gib uns allezeit solches Brot. Jesus aber sprach zu ihnen: Ich bin das Brot des Lebens. Wer zu mir kommt, den wird nicht hungern; und wer an micht glaubt, den wird nimmermehr dürsten."

Der aufmerksame Leser wird sich jetzt fragen, weshalb hier plötzlich vom Durst gesprochen wird. Bisher war nur vom Brot die Rede, das gegessen werden muss. Das kommt daher, dass die Torah auch mit dem Bild vom Trinken verglichen wurde. In einem alten jüdischen Kommentar zu Genesis steht Folgendes:

"Salomo sagte: 'Hungert deinen Feind, so speise ihn mit Brot, dürstet ihn, so tränke ihn mit Wasser' (Spr. 25,21) - 'Speise ihn

mit Brot' *vom Brot der Torah,* wie es heisst: 'Kommt, esset von meinem Brot' *(Spr. 9,5)* 'Tränke ihn mit Wasser' *vom Wasser der Torah,* wie es heisst: 'Wohlan, alle, die ihr durstig seid, kommt zum Wasser!' *(Jes. 55,1)*"[41]

Die Torah kann also sowohl getrunken als auch gegessen werden. Dieses Bild nimmt Jesus auf und zitiert fast wörtlich eine Stelle aus dem Sirachbuch. Wie wir bereits gesehen haben, beschäftigt sich das 24. Kapitel des Sirachbuchs vor allem mit der Torah, die als Weisheit Gottes zuallererst geschaffen wurde[42]. So lesen wir in Sir. 24,28.29 über die Torah Folgendes:

"Wer von mir isst, den hungert immer nach mir; und wer von mir trinkt, den dürstet immer nach mir."

Das heisst mit anderen Worten: die Torah wird den Hunger und Durst nach Gott nie ganz stillen können. Sie ist zwar Brot vom Himmel, aber sie ist nicht das wahre Brot. Das wahre Brot vom Himmel ist das fleischgewordene Wort, Gott selber im Messias und nicht das buchgewordene Wort, die Torah.

Das ist die Aussage Jesu in Joh. 6,35. Für die damaligen Hörer war das durchaus verständlich. Jesus hat sich damit klar als Messias deklariert.

Das macht den Judäern Mühe. In Joh. 6,41 und 42 lesen wir:

---

[41] GenR 54,1
[42] vgl. S. 77

"Da murrten die Judäer über ihn, weil er sagte: Ich bin das Brot, das vom Himmel gekommen ist, und sprachen: Ist dieser nicht Jesus, Josephs Sohn, dessen Vater und Mutter wir kennen? Wieso spricht er dann: Ich bin vom Himmel gekommen?"

Mit der Erwähnung der Judäer sind bei Johannes in der Regel die frommen Juden der damaligen Zeit gemeint, die Schriftgelehrten und Pharisäer aus der Umgebung Jerusalems[43]. Sie können das nicht akzeptieren. Wer auf Erden geboren ist, kann nicht vom Himmel herabgestiegen sein und kann nicht den Anspruch erheben, der Messias zu sein. Im Folgenden haben wir es mit einem Lehrgespräch zwischen Jesus und den judäischen Pharisäern und Schriftgelehrten in der Synagoge in Kapernaum zu tun (V. 59). Die Leute vom Volk werden nicht mehr erwähnt.

Das Messiasbekenntnis

Vor den Schriftgelehrten in der Synagoge wiederholt Jesus, was er bereits dem Volk gesagt hat:

"Wahrlich, wahrlich, ich sage euch: Wer glaubt, der hat das ewige Leben. Ich bin das Brot des Lebens. Eure Väter haben in der Wüste das Manna gegessen und sind gestorben. Dies ist das Brot,

---

[43] Das griechische Wort "Iudaioi" kann sowohl mit "Juden" als auch mit "Judäern" übersetzt werden. Mit Judäern sind diejenigen Israeliten gemeint, die in Juda wohnen, d.h. also in und um Jerusalem herum. Darin liegt etwas Besonderes. Die Verheissung besagt, dass der Messias aus Juda kommen wird (Micha 5,1.3). Für die Judäer war es auch am ehesten möglich die Forderungen der Torah zu erfüllen, weil sie so nahe am Heiligtum wohnten. Daher kommt es, dass das Wort Judäer bei Johannes oft im Zusammenhang mit Pharisäern und Schriftgelehrten verwendet wird. Die Judäer galten als die frommen Männer Israels.

das vom Himmel kommt, damit, wer davon isst, nicht sterbe. Ich bin das lebendige Brot, das vom Himmel gekommen ist. Wer von diesem Brot isst, der wird leben in Ewigkeit. Und dieses Brot ist mein Fleisch, das ich geben werde für das Leben der Welt." Joh. 6, 47-51

Wieder haben wir den Bezug auf das Manna, die Torah, die vom Himmel gekommen ist. Doch die Torah, sagt Jesus, gibt nicht ewiges Leben. So, wie die Väter das Manna gegessen haben und gestorben sind, so wird auch derjenige, der die Torah isst, sterben. Damit ist aber nicht der leibliche Tod gemeint, denn die Torah bewahrt nicht vor dem leiblichen Tod. Doch hat man von der Torah gesagt, dass sie ewiges Leben gibt.

"Ihr sucht in der Schrift, denn ihr meint, in ihr ewiges Leben zu haben." Joh. 5,39

Es wurde gelehrt, dass die Torah, das Wort des Lebens, wenn sie aufgenommen, d.h. gegessen und getrunken (vgl. oben) wird, ewiges Leben gibt. Dem setzt Jesus nun gegenüber, dass nur, wer sein Fleisch isst und sein Blut trinkt, das ewige Leben hat. Ewiges Leben kann nur das lebendige Brot vom Himmel geben, nämlich das Brot, das Fleisch geworden ist: Gott im Messias.

Das lebendige Brot ist das Brot, das Fleisch geworden ist.

Das lebendige Wort ist das Wort, das Fleisch geworden ist.

Wir haben mit der Erwähnung vom Fleisch hier also nicht eine Anspielung auf das Abendmahl, sondern auf Joh. 1,14, wo es heisst:

"Das Wort ward Fleisch und wohnte unter uns..."

Jesus nennt sein Fleisch, das man essen muss, nennt sich selbst, den man essen muss, und in V. 58 wieder das vom Himmel gekommene Brot, das die Väter gegessen haben und dennoch gestorben sind. Nicht wer von der Torah isst und trinkt wird ewiges Leben haben, sondern nur, wer von ihm isst und trinkt, dem wahren Wort.

"Wer mein Fleisch isst und mein Blut trinkt, der hat das ewige Leben, und ich werde ihn am jüngsten Tage auferwecken. Denn mein Fleisch ist die wahre Speise, und mein Blut ist der wahre Trank....Dies ist das Brot, das vom Himmel gekommen ist. Es ist nicht wie bei den Vätern, die gegessen haben und gestorben sind. Wer dies Brot isst, der wird leben in Ewigkeit." Joh. 6,54f.58

Damit bezeugt er klar, dass er als Messias Gott selber ist. Die Reaktion der Judäer auf diese Auslegung ist nicht überliefert.
Im letzten Teil dieser Brotrede spricht Jesus zu seinen Schülern. Sie finden es eine harte Rede, denn nach dieser klaren Auslegung gibt es keinen Zweifel mehr über die Messianität Jesu. Es gilt nun, entweder das zu akzeptieren oder sich darüber zu ärgen und auf das Altbewährte zu setzen. Um seine Aussage zu bestärken, sagt Jesus in V. 63:

"Der Geist ist's, der lebendig macht; das Fleisch ist nichts nütze. Die Worte, die ich zu euch geredet habe, die sind Geist und Leben."

Noch einmal wird hier klar, dass das Bild von Fleisch und Blut nicht wörtlich zu nehmen oder gar auf das Opfer Jesu hin zu deuten ist. Mit dem Fleisch in V. 63 ist die Torah gemeint. Sie macht nicht lebendig. Das Fleisch, das Gott gibt - seine Worte - sind Geist und Leben. Das ist für viele der Schüler nicht zu akzeptieren. Es bleiben am Schluss nur noch die Zwölf. Sie haben es begriffen, sie haben es akzeptiert, dass in Jesus der von Gott verheissene Messias gekommen ist. So steht auch zum Schluss das Messiasbekenntnis des Petrus:

"Herr, wohin sollen wir gehen? Du hast Worte des ewigen Lebens; und wir haben geglaubt und erkannt: Du bist der Heilige Gottes."
Joh. 6,68f

2.4 Die Heilung des Aussätzigen
Mt. 8,1-4

"Als Jesus vom Berg herabstieg, folgten ihm viele Menschen. Da kam ein Aussätziger, fiel vor ihm nieder und sagte: Herr, wenn du willst, kannst du machen, dass ich rein werde. Jesus streckte die Hand aus, berührte ihn und sagte: Ich will es - werde rein! Im gleichen Augenblick wurde der Aussätzige rein. Jesus aber sagte zu ihm: Nimm dich in acht! Erzähl niemand davon, sondern geh, zeig dich dem Priester und bring das Opfer dar, das Mose angeordnet hat, ihnen zum Zeugnis."

Dieser Text gibt uns einige Knacknüsse auf. Ein Mann wird von einer schlimmen Krankheit geheilt und soll niemandem davon erzählen. Es stellt sich unweigerlich die Frage, was Jesus dem Geheilten verboten hat weiterzuerzählen. Die Heilung geschah unter den Augen einer Menschenmenge. Die anwesenden Leute waren Zeugen der Heilung, wenn auch aus der Ferne, denn Aussätzigen kam man besser nicht zu nahe. Jesus liess den Aussätzigen trotzdem auf sich zukommen, sicher zum Entsetzen der Leute. Der Aussätzige kniete vor ihm nieder und bat ihn um eine Heilung. In den Worten dieser Bitte und der Antwort Jesu liegt ein wichtiger Schlüssel zum Verständnis dieser Geschichte. Deshalb wollen wir uns den Wortlaut dieser Bitte genauer ansehen und fragen, was denn diese Worte auf dem damaligen jüdischen Hintergrund bedeutet haben.

"Herr, wenn du willst, kannst du machen, dass ich rein werde."

Um die Bedeutung dieser Aussage zu erfassen, muss man sie mit den Ohren eines damaligen Zuhörers zu hören versuchen. Das heisst vor allem auch auf dem Hintergrund der biblischen Botschaft des Älteren Testaments. Jesus war in den Augen vieler Leute ein Prophet oder gar **der** Prophet, d.h. der Prophet wie Mose[44], der Messias. Wenn Jesus ein Prophet oder der Prophet-Messias war, dann liegt es nahe, seine Taten mit den Taten der grossen Propheten zu vergleichen. Werfen wir einen Blick ins Ältere Testament, dann sehen wir, dass Krankenheilungen und auch Totenauferweckungen zu den Taten der Propheten gehören. Elisa heilt z.B. den Aussatz Naemans und von Elia und Elisa werden uns sogar Totenauferweckungen überliefert. Studiert man diese Berichte, dann fällt es auf, dass diese Propheten immer auf eine besondere Anordnung Gottes geheilt haben. Elia z.B. war nur zu der Witwe in Sarepta geschickt worden. Er konnte nicht jeder armen Witwe das Öl vermehren. Bei den Totenauferweckungen haben beide Propheten Gott inständig darum gebeten. Ein Prophet hatte demnach nicht die Freiheit zu heilen, wen er wollte. Gott hatte den Propheten zwar die Gabe der Heilung gegeben, doch die letzte Entscheidung, ob eine Heilung stattfand oder nicht, lag bei Gott. Nicht so bei Jesus. Er konnte heilen, wen er wollte! Damit sind wir an einem wichtigen Punkt in unserem Text angelangt. Indem der Aussätzige sagte:

"Herr, wenn du willst...",

---

[44] vgl. S. 28f und 145f

sprach er Jesus auf seine Messianität an. Wenn Jesus der Messias ist, dann kann er heilen, wen er will, denn dann ist er der von Gott Gesalbte. Entscheidend für den Aussätzigen war nun die Antwort Jesu. Sie lautete:

"Ich will es - werde rein!"

Damit hatte Jesus klar und deutlich gesagt:

Du sagst es, ich bin der Messias. Aber, erzähl niemand davon.

Genau das, nämlich dass Jesus sich vor dem Aussätzigen zu seiner Messianität bekannt hat, das soll der Geheilte nicht weitererzählen. Dass er geheilt worden war, war schliesslich für jedermann ersichtlich. Er hat das bestimmt auch frohgemut überall erzählt. Jesus schickte ihn ausdrücklich zu den Priestern, "...ihnen zum Zeugnis...".
Es war die Aufgabe der Priester zu bestätigen, dass ein ehemals Aussätziger wieder vollkommen rein war. Und die Tatsache, dass ein Aussätziger geheilt worden war, war für die Priester ein Zeichen, dass Jesus ein ganz besonderer Prophet war. Doch das Geheimnis, dass dieser Prophet der Messias ist, durfte noch nicht preisgegeben werden. Dieser Text zeigt sehr deutlich, wie der Hintergrund des damaligen Judentums entscheidend dazu beiträgt, eine Botschaft zu verstehen. Mit gewissen biblischen Ausdrücken, manchmal nur mit einem kleinen Wörtchen, verbanden sich damals Assoziationen, die uns Türen zu ganz neuen, unbekannten Zusammenhängen eröffnen.

2.5 Die Antwort auf die Täuferfrage

"Johannes hörte im Gefängnis von den Taten Christi. Da schickte er seine Schüler zu ihm und liess ihn fragen: Bist du der, der da kommen soll, oder müssen wir auf einen andern warten? Jesus antwortete ihnen: Geht und berichtet Johannes, was ihr hört und seht: Blinde sehen wieder, und Lahme gehen; Aussätzige werden rein, und Taube hören; Tote stehen auf, und den Armen wird das Evangelium verkündet. Selig ist, wer an mir keinen Anstoss nimmt."
Mt. 11,2-6

Die Taten des Propheten Jesus sind nicht nur für die Priester ein ausserordentliches Zeichen, auch Johannes ist davon beeindruckt. Er lässt Jesus durch seine Schüler direkt fragen, ob er der Messias sei. Johannes ist zu Unrecht im Gefängnis und wartet sehnlichst auf den Tag der Rache Gottes, der ihm die Freiheit bringen wird. Die Antwort, die Jesus gibt, mutet dann allerdings etwas fremd an. Er sagt weder ja noch nein, sondern zählt seine Taten auf. Auch hier ist es wiederum hilfreich zu fragen, welche Bedeutung diese Taten im biblischen Kontext hatten und welche Assoziationen sich bei den Zuhörern damals damit verbanden.

"Blinde sehen wieder"
Heilungen von Blinden sind uns von den Propheten des Älteren Testaments keine überliefert. Sie gehören demnach zu dem "Unerhörten", das man bisher von einem Propheten noch nicht gehört hat. Durch diesen Hinweis bestätigt Jesus, dass er sogar die Macht hat, Blinde zu heilen.

"Lahme gehen"
Auch Heilungen von Lahmen finden sich weder bei Mose noch bei Elia oder Elisa. Sie gehören ebenfalls nicht zu den Taten eines gewöhnlichen Propheten. Wenn Jesus die Macht hat, Lahme zu heilen, dann ist er kein gewöhnlicher Prophet.

"Aussätzige werden rein"
Von Elisa wird die Heilung des aussätzigen Naeman überliefert. Doch ist es bei dieser einen Heilung geblieben. Elisa konnte, wie alle Propheten, nur auf den Befehl Gottes heilen und nicht selber entscheiden, wen er heilen wollte. In unserem Text spricht Jesus von seinen Heilungen in der Mehrzahl. Damit weist er darauf hin, dass er so viele Aussätzige heilen kann, wie er will.

"Taube hören"
Heilungen von Taubstummen sind uns im Älteren Testament ebenfalls keine überliefert. Auch durch die Heilung von Taubstumme hebt sich Jesus von den klassischen Propheten ab. Doch damit ist dieser Text noch nicht ausgelotet. Alle diese Werke, die Jesus den Johannesjüngern aufzählt, finden wir nämlich in Jes. 35,5f aufgezählt:

"Dann werden die Augen der Blinden aufgetan und die Ohren der Tauben geöffnet werden. Dann werden die Lahmen springen wie ein Hirsch und die Zunge der Stummen frohlocken."

Die Stelle handelt vom zukünftigen Heil, das Israel zu erwarten hat. Wenn Blinde sehen, Taube hören und Lahme gehen, heisst das, dass die Heilszeit angebrochen ist. Wenn Jesus dem Johannes diese Werke aufzählt, dann sagt er damit, dass mit ihm die zukünftige Heilszeit angebrochen ist. In diesem Zusammenhang ist noch eine andere Stelle aus einem sehr alten Bibelkommentar zu Exodus von Bedeutung[45]:

"Und alles Volk sah die Stimmen und die Fackeln *(Ex. 20,18). R. Elieser sagt: Um kund zu tun den Ruhm der Israeliten, dass, als sie alle vor dem Berge Sinai standen, um die Torah zu empfangen, unter ihnen* **keine Blinden** *waren, wie es heisst:* 'Und das ganze Volk **sah**' *(Ex. 20,18). Sie (die Schrift) zeigt (ferner) an, dass unter ihnen* **keine Stummen** *waren (wie es heisst Ex. 19,8):* 'Und es **antwortete** das ganze Volk zusammen'. *Und sie (die Schrift) lehrt (ferner), dass unter ihnen* **keine Tauben** *waren, wie es heisst (Ex. 24,7):* 'Alles, was der Ewige geredet hat, wollen wir tun und **hören**'. *Und woher (entnehme ich), dass unter ihnen* **keine Lahmen** *waren? Weil es heisst (Ex. 19,17):* 'Und **sie stellten sich** unten hin am Berge'."

Wenn man in diesem Zusammenhang bedenkt, dass der Messias als ein Prophet wie Mose erwartet wurde[46], dann ist die Antwort Jesu an Johannes ziemlich deutlich. Wenn der Prophet wie Mose, der Messias, kommt, dann wird es sein wie zur Zeit des Mose. Die Blinden sehen, die Stummen und Tauben reden und die Lahmen gehen. Jesus erwähnt in der Antwort an Johannes auch die Armen, denen das Evangelium verkündigt wird. Damit nimmt er Bezug auf Jes. 61,1f:

"*Der Geist Gottes des Herrn ist auf mir, denn der Herr hat mich gesalbt, den Armen gute Botschaft zu bringen. Er hat mich*

---

[45] MekhY zu Ex. 20,18

[46] vgl. S. 28

*gesandt, die zerbrochenen Herzen zu verbinden, den Gefangenen
die Freiheit zu verkünden und den Gebundenen, dass sie los sein
sollen. Ein Gnadenjahr des Herrn auszurufen und einen Tag der
Rache unserem Gott, zu trösten alle Trauernden."*

Derjenige, der den Armen die gute Botschaft verkündigt, ist
der geistgesalbte Prophet, der Messias. Dieser wird jedoch
nicht nur ein Gnadenjahr, sondern auch einen Tag der Rache
ausrufen. Damit hat Jesus die indirekte Frage des Johannes
nach dem Tag der Rache Gottes beantwortet. Jesus ist der
Messias, doch wendet er seine Macht zum Wohltun an. Die
Zeit, in der er nicht mehr als Heils-, sondern als Unheilspro-
phet auftritt, wird noch kommen, wie es in Jes. 61 verheis-
sen ist. Im Moment ist es jedoch noch nicht sein Auftrag,
Gericht zu halten, sondern Frohbotschaft zu verkünden.
Es ist ungeheuer wichtig, dass wir lernen, die Aussagen Jesu
im jüdischen Zusammenhang zu hören und zu verstehen.
Erst dadurch kommt die Tiefendimension gewisser Aussagen zum Vorschein. Wer seinen Blick für die "versteckten"
Gottesbezeichnungen Jesu schärft, erkennt, dass Jesus sich
schon vor seiner Auferstehung als Messias bezeichnet und
verstanden hat. So sind auch die beiden folgenden Texte
ganz geprägt von dieser Botschaft, dass uns in Jesus dem
Messias Gott selber begegnet.

2.6 Die Salbung in Bethanien
Joh. 12,1-19

"*1 Sechs Tage vor dem Passahfest kam Jesus nach Bethanien, wo Lazarus war, den Jesus auferweckt hatte von den Toten. 2 Dort machten sie ihm ein Mahl, und Marta diente ihm; Lazarus aber war einer von denen, die mit ihm zu Tisch waren.*
3 Da nahm Maria ein Pfund Salböl von unverfälschter, kostbarer Narde und salbte die Füsse Jesu und trocknete mit ihrem Haar die Füsse; das Haus aber wurde erfüllt vom Duft des Öls. 4 Da sprach einer seiner Schüler, Judas Iskariot, der ihn hernach verriet: 5 Warum ist dieses Öl nicht für dreihundert Silbergroschen verkauft worden und den Armen gegeben? 6 Das sagte er aber nicht, weil er nach den Armen fragte, sondern er war ein Dieb, und hatte den Geldbeutel und nahm an sich, was gegeben war. 7 Da sprach Jesus: Lass sie in Frieden! Es soll gelten für den Tag meines Begräbnisses. 8 Denn Arme habt ihr allezeit bei euch; mich habt ihr nicht allezeit. 9 Da erfuhr eine grosse Menge der Judäer, dass er dort war, und sie kamen nicht allein um Jesu willen, sondern auch um Lazarus zu sehen, den er von den Toten erweckt hatte. 10 Aber die Hohenpriester beschlossen, auch Lazarus zu töten; 11 denn um seinetwillen gingen viele Judäer hin und glaubten an Jesus.
12 Als am nächsten Tag die grosse Menge, die aufs Fest gekommen war, hörte, dass Jesus nach Jerusalem käme, 13 nahmen sie Palmzweige und gingen hinaus ihm entgegen und riefen: 'Hosianna! Gelobt sei, der da kommt in dem Namen des Herrn', der König von Israel! 14 Jesus aber fand einen jungen Esel und ritt darauf, wie geschrieben steht: 15 'Fürchte dich nicht, du Tochter Zion! Siehe, dein König kommt und reitet auf einem Eselsfüllen.' 16 Das verstanden seine Schüler zuerst nicht; doch als Jesus verherrlicht war, da dachten sie daran, dass das von ihm geschrieben

stand und man so mit ihm getan hatte. 17 Das Volk aber, das bei
ihm war, als er Lazarus aus dem Grabe rief und von den Toten auf-
erweckte, rühmte die Tat. 18 Darum ging ihm auch die Menge
entgegen, weil sie hörte, er habe dieses Zeichen getan. 19 Die
Pharisäer aber sprachen untereinander: Ihr seht, dass ihr nichts
ausrichtet; siehe, alle Welt läuft ihm nach."

Der Text beginnt mit einer Zeitangabe: Sechs Tage vor dem
Passah kam Jesus nach Bethanien. Zeitangaben haben in der
Bibel immer eine Bedeutung. Dieselbe Zeitangabe findet
sich z.B. auch in der Verklärungsgeschichte:

"Und nach sechs Tagen nahm Jesus mit sich Petrus und Jakobus
und Johannes, dessen Bruder, und führte sie alleine auf einen
hohen Berg." Mt. 17,1

Was hat es mit den sechs Tagen auf sich? Der Zusammenhang besteht mit Ex. 24,16 und der jüdisch-rabbinischen
Auslegung dieser Stelle.

"Als nun Mose auf den Berg kam, bedeckte die Wolke den Berg.
Und die Herrlichkeit des Herrn thronte auf dem Berg Sinai, und
die Wolke bedeckte den Berg sechs Tage lang; dann, am siebenten
Tage, rief er Mose aus der Wolke heraus zu." Ex. 24,16

Von Raschi[47], einem bedeutenden jüdischen Ausleger aus
dem 11. Jh., wird diese Stelle wie folgt ausgelegt [48]:

---

[47] vgl. Anm. 12 S. 30

[48] Raschis Pentateuchkommentar. Vollständig ins Deutsche übertragen und mit einer
Einleitung versehen von Rabbiner Dr. Selig Bamberger, 3. Auflage 1975, Victor
Goldschmidt Verlag Basel, zu Ex 24,16

"Und die Herrlichkeit des Herrn liess sich nieder auf dem Berg Sinai, und die Wolke bedeckte ihn sechs Tage. Und er rief Mosche am siebten Tag, *um die 10 Gebote zu verkünden, und Mosche und ganz Israel standen dabei, nur erweist der Vers Mosche besondere Ehre. Und manche sagen, die Wolke bedeckte ihn, Mosche, sechs Tage nach der Gesetzgebung, und diese gehörten zum Anfang der 40 Tage, zu denen Mosche hinaufstieg die Tafeln zu empfangen. Und der Vers lehrt dich, dass jeder, der in das Lager der Schechina eintreten will, sich* **sechs Tage vorher vom Hause absondern muss.**"

Sechs Tage ist die Zeit der Reinigung, die Zeit der Vorbereitung auf die Begegnung mit Gott. Deshalb ging Jesus sechs Tage vor dem Passah nach Bethanien und blieb dort, um sich für das Fest zu reinigen. An einem dieser sechs Tage nahm Maria ein Pfund Salböl und salbte Jesus damit die Füsse. Was will diese Geschichte aussagen und weshalb steht sie da? Nicht nur Johannes, sondern auch Matthäus und Markus betonen die Kostbarkeit des Öls. Das Wort, das im Griechischen dafür verwendet wird, heisst - muron nardou - μύρον νάρδου. Dabei handelt es sich um ein hebräisches Lehnwort. 'Muron' steht für Myrrhe und 'nardon' für Narde. Myrrhe wird aus dem Harz eines Strauchs in Arabien gewonnen, dem *Balsamodendron myrrha.* Es wird vor allem als Salbenbestandteil verwendet. Narde ist ein Öl, das aus der Wurzel des indischen Nardengrases gewonnen wird. Myrrhenöl war sehr teuer. Ein Pfund davon kostete den Jahreslohn eines Arbeiters (!). Mit diesem Geld hätte man vor dem Passah tatsächliche vielen Armen ermöglichen können, sich die Zutaten für das Passahmahl zu kaufen. Das Argument des Judas hat durchaus seine Berechtigung. Hiermit stellt sich uns die Frage erst recht, weshalb Maria diese Salbung vollzogen hat. Wir müssen uns fragen, was sie mit der Salbung der Füsse Jesu ausdrücken wollte. Dem Myrrhenöl begegnen wir in der Bibel an verschiedenen Stellen. Mit Myrrhe salbte man zur Zeit des Älteren Testaments die Könige. Über die Zusammensetzung des Öls gibt Ex. 30,22-26 Auskunft:

"Dann sprach der Herr zu Mose: Du aber nimm dir wohlriechende, auserlesene Spezerei: fünfhundert Lot von selbst ausgeflossene Myrrhe, halb soviel Zimt, also 250 Lot, ferner 250 Lot Würzrohr und fünfhundert Lot Kassia, nach heiligem Gewicht, dazu ein Hin Olivenöl, und mache daraus ein heiliges Salböl, ein Gemisch von Würzwerk, wie es der Salbenmischer bereitet; ein heiliges Salböl soll es sein."

Dieses Salböl wurde für die davidischen Könige und Hohepriester verwendet. Auch die babylonischen Weisen brachten nebst Gold und Weihrauch Myrrhe mit (Mt. 2,11). Wenn nun Maria mit diesem kostbaren Öl Jesus salbte, dann bezeugte sie damit Jesus als den Messias. Indem sie ihm anstelle des Hauptes die Füsse mit dem kostbaren Öl salbte, drückte sie aus, dass Jesus der wahre König-Messias ist. Er ist es wert, dass man ihm mit dieser Kostbarkeit sogar die Füsse salbt. So hat Maria die höchstmögliche Wertschätzung ausgedrückt. Bei jedem gewöhnlichen König wäre es absolute Verschwendung, mit solch kostbarem Öl die Füsse zu salben. Nicht so beim König-Messias: Er wird damit nicht zu hoch geehrt. Maria salbte Jesus, den König, und indem Jesus sagte, dass der Rest des Öls für sein Begräbnis sei, wies er darauf hin, dass sein Weg zum Königsthron über das Totenreich führt. Diese Handlung von Maria beinhaltet ein vollkommenes Messiasbekenntnis, das von Jesus bestätigt wurde. Deshalb ist es nicht verwunderlich, dass in den beiden Parallelüberlieferungen in Matthäus und Markus Jesus darauf hinweist, dass diese Begebenheit zur Verkündigung des Evangeliums gehöre:

"Wahrlich, ich sage euch: Wo das Evangelium gepredigt wird in aller Welt, da wird man auch das sagen zu ihrem Gedächtnis, was sie jetzt getan hat." Mk. 14,9

Zur Verkündigung des Evangeliums gehört das Bekenntnis zu Jesus als dem Messias. Bei Johannes folgt auf die Salbung in Bethanien der Einzug in Jerusalem. Anders als bei Matthäus liegt das Hauptgewicht auf dem Bekenntnis der Messianität Jesu. Wir haben den Text über den Einzug in Jerusalem bereits im Zusammenhang mit den Reinheitsvorschriften ausgelegt (vgl. S. 22ff). An dieser Stelle soll daher nur das Messiasbekenntnis zur Sprache kommen. Es wird berichtet, dass viele Judäer aufgrund der Auferweckung des Lazarus an Jesus als den Messias glaubten (V. 9-11). Aus diesem Grund gingen die Leute, als sie hörten, dass Jesus nach Jerusalem zum Fest kam, ihm entgegen und riefen:

"Hosianna! Gelobt sei, der da kommt im Namen des Herrn, der König von Israel!"

Dieser Hilferuf ist ein Zitat aus Ps. 118,25f. Hosianna heisst übersetzt: Hilf doch! Interessant ist, dass dieser Psalm in der jüdischen Tradition auf den Messias gedeutet wurde. Im Psalmenkommentar heisst es Folgendes:

"Diesen Tag hat der Ewige gemacht. *Hinter allen Erlösungen, welche an den Israeliten vorübergingen, folgte immer wieder eine Unterjochung, aber von jetzt ab und weiter wird keine Unterjochung mehr folgen....*'Ach, Ewiger, hilf doch!' *Die Männer Jerusalems sprechen von innen:* 'Ach, Ewiger, hilf doch! (Hosianna)' *und die Männer Judas sprechen von aussen:* 'Ach, Ewiger, lass es glücken'; *Die Männer Jerusalems sprechen von innen:* 'Gesegnet sei, der da kommt im Namen des Herrn'."[49]

Diese Auslegung besagt, dass es am Tag, an dem der Messias kommt, keine Unterjochung mehr geben wird. Und zu dieser Zeit werden die Männer Jerusalems in der Stadt sagen:

"Ach, Ewiger, hilf doch! (Hosianna)"

und:

"Gelobt sei, der da kommt im Namen des Herrn."

Die Situation, die in Joh. 12,13 beschrieben ist, entspricht ganz der messianischen Erwartung der damaligen Zeit. Indem die Menge genau diesen Psalmvers zitierte, bezeugte auch sie, dass sie Jesus für den Messias hielt. Diesem Bekenntnis hat Jesus auch an dieser Stelle nicht widersprochen.

---

[49] MTeh 118 §22

2.7 Der Auferstandene am See Tiberias Joh. 21,4-7

"4 Als es aber schon Morgen war, stand Jesus am Ufer, aber die Schüler wussten nicht, dass es Jesus war. 5 Spricht Jesus zu ihnen: Kinder, habt ihr nichts zu essen? Sie antworteten ihm: Nein. 6 Er aber sprach zu ihnen: Werft das Netz aus zur Rechten des Bootes, so werdet ihr finden. Da warfen sie es aus und konnten's nicht mehr ziehen wegen der Menge der Fische. 7 Da spricht der Schüler, den Jesus lieb hat, zu Petrus: Es ist der Herr! Als Simon Petrus hörte, dass es der Herr war, gürtete er sich das Obergewand um, denn er war nackt, und warf sich ins Wasser."

Petrus und die Schüler waren am Fischen im See Genezareth. Da sahen sie, als es schon zu tagen begann, einen Mann am Strand. Es erging ihnen wie den Emmausjüngern, sie erkannten Jesus nicht. Nicht etwa, weil er sich verwandelt hätte, sondern weil ihre Augen gehalten waren. Der Mann fragte, ob sie schon etwas gefangen hätten, und als sie verneinten, gab er ihnen den Rat, das Netz auf der rechten Seite des Schiffs auszuwerfen. Die Grösse des Fangs machte Johannes klar, dass es sich bei dem Mann am Ufer um Jesus handeln musste. Vielleicht dachte er an Ps. 8, der davon spricht, dass dem Sohn des Menschen auch die Fische untertan sind:

"Du hast ihn zum Herrn gemacht über deiner Hände Werk, alles hast du unter seine Füsse getan: Schafe und Rinder allzumal, dazu auch die wilden Tiere, die Vögel unter dem Himmel und die Fische im Meer und alles, was die Meere durchzieht." Ps. 8,7f

Auf jeden Fall bewirkte diese Feststellung des Johannes bei Petrus, dass er sich das Obergewand umwarf und ins Wasser sprang. Dieses Verhalten ist ungewöhnlich. Normalerweise zieht jemand, der ins Wasser springt, seine Kleider aus und nicht an. Was hat es zu bedeuten, dass Petrus sich das Kleid anzog. Die Antwort auf diese Frage müssen wir im Bekenntnis des Johannes suchen. Wenn der Mann am Ufer Jesus war, dann musste Petrus sich bekleiden, denn vor Gott darf man nicht nackt erscheinen. Im Schulchan Aruch, einer Kurzfassung der Auslegung des jüdischen Religionsgesetzes, lesen wir dazu Folgendes[50]:

"Es steht: 'Wandle sittsam mit deinem Gott! Micha 6,8. Darum soll der Mensch auf allen seinen Pfaden sittsam sein. Wenn er daher sein Hemd an- oder auszieht oder sonst ein Gewand unmittelbar auf dem Körper hat, achte er sehr darauf, seinen Körper nicht aufzudecken, sondern er ziehe es an oder aus, während er zugedeckt auf seinem Lager liegt. Und er sage nicht, siehe, ich bin im geheimsten Gemach und im Dunkeln, wer sieht mich! Denn von des Heiligen, gelobt sei Er, Herrlichkeit ist die ganze Erde erfüllt, und das Dunkel ist gleich Licht vor Ihm, gepriesen sei Sein Name."

Das für uns ungewöhnliche Verhalten des Petrus, sich ein Gewand anzuziehen und nachher ins Wasser zu springen, war für die damaligen jüdischen Leser ein deutliches Bekenntnis zu Jesus dem Messias, und zwar zum Messias als Gott.

---

[50] Schulchan Aruch Kizzur Kap. 3 §1

2.8 Das Gleichnis vom einzigen Sohn Lk. 20,9-19

Das Gleichnis vom einzigen Sohn oder von den bösen Weinbergspächtern wurde in der christlichen Auslegungstradition oft dazu verwendet zu "beweisen", dass die christliche Kirche an die Stelle Israels getreten sei. Die Entdeckung, dass das Psalmwort vom Eckstein (Ps. 118,22) in der jüdischen Überlieferung eine feste Bedeutung hat, gibt dem ganzen Gleichnis eine völlig neue Perspektive und stellt es in den Kontext der Messiasbekentnisse.

Die Überschrift

"9 Er erzählte dem Volk dieses Gleichnis: Ein Mann legte einen Weinberg an, verpachtete ihn an Winzer und reiste für längere Zeit in ein anderes Land. 10 Als nun die Zeit dafür gekommen war, schickte er einen Knecht zu den Winzern, damit sie ihm seinen Anteil am Ertrag des Weinbergs ablieferten. Die Winzer aber prügelten ihn und jagten ihn mit leeren Händen fort. 11 Darauf schickte er einen anderen Knecht; auch ihn prügelten und beschimpften sie und jagten ihn mit leeren Händen fort. 12 Er schickte noch einen dritten Knecht; aber auch ihn schlugen sie blutig und warfen ihn hinaus. 13 Da sagte der Besitzer des Weinbergs: Was soll ich tun? Ich will meinen geliebten Sohn zu ihnen schicken. Vielleicht werden sie vor ihm Achtung haben. 14 Als die Winzer den Sohn sahen, überlegten sie und sagten zueinander: Das ist der Erbe; wir wollen ihn töten, damit das Erbgut uns gehört. 15 Und sie warfen ihn aus dem Weinberg hinaus und *brachten ihn um. Was wird nun der Besitzer des Weinbergs mit ihnen tun? 16 Er wird kommen und diese Winzer töten und den Weinberg anderen geben. Als sie das hörten, sagten sie: Das darf nicht geschehen! 17 Da sah Jesus sie an und sagte: Was bedeutet das Schriftwort:* Der Stein, den die Bauleute verworfen haben, er ist zum Eckstein geworden? *18 Jeder, der auf diesen Stein fällt, wird zerschellen; auf wen der Stein aber fällt, den wird er zermalmen. 19 Die Schriftgelehrten und die Hohenpriester hätten ihn gern noch in derselben Stunde festgenommen; aber sie fürchteten das Volk. Denn sie hatten gemerkt, dass er sie mit diesem Gleichnis meinte.*"

Dieses Gleichnis erzählt Jesus kurz vor seiner Kreuzigung. Das ist wohl mit ein Grund, warum es in der christlichen Tradition meist so verstanden wurde, dass Israel von Gott verworfen und die Kirche anstelle Israels getreten sei. Doch müssen wir gerade auch hier fragen, was die damaligen Hörer gehört und verstanden haben. Was wollte Jesus mit diesem Gleichnis mitteilen? Mit dem Weinberg ist Israel gemeint. Die Hauptperson im Gleichnis ist der einzige Sohn. Ich habe deshalb den Titel auch entsprechend formuliert. Meist wird das Gleichnis als "Gleichnis von den bösen Weinbergspächtern" überschrieben. Die Überschrift ist nicht unwesentlich. Sie lenkt nämlich unsere Gedanken bereits in eine bestimmte Richtung. Bei der herkömmlichen Überschrift werden wir das Augenmerk hauptsächlich auf die Weinbergspächter richten und dem Sohn nicht allzu grosses Gewicht beimessen. Doch liegt der Akzent gerade nicht bei den bösen Weinbergspächtern, sondern beim einzigen Sohn.

Auf diesen bezieht sich auch das Zitat von Ps. 118,22, das dem Gleichnis erst seine Brisanz verschafft.:

"17 Da sah Jesus sie an und sagte: Was bedeutet das Schriftwort: Der Stein, den die Bauleute verworfen haben, er ist zum Eckstein geworden? 18 Jeder, der auf diesen Stein fällt, wird zerschellen; auf wen der Stein aber fällt, den wird er zermalmen."

Das Wort vom Eckstein ist ein Schlüsselwort und seine Auslegung ist von grosser Bedeutung für das Verständnis des Gleichnisses.

Der geliebte Sohn

Der Weinbergbesitzer in diesem Gleichnis scheint nur einen einzigen Sohn zu haben. Das ist eher ungewöhnlich, weil die Familien damals in der Regel kinderreich waren. Weil aber die Pächter sich überlegen, dass sie den Weinberg erben, wenn sie den Sohn umbringen, können wir annehmen, dass es sich bei diesem Sohn um den einzigen Sohn handelt. Das hebräische Wort, das mit dem griechischen agapetos - ἀγαπητός - wiedergegeben wird heisst jachid - יָחִיד. Das bedeutet sowohl geliebt, als auch einzig. Der Weinbergbesitzer hatte nur einen Sohn. Diesen einen Sohn haben seine Pächter umgebracht in der Meinung, dadurch den Weinberg erben zu können.

Der Eckstein

Das Bild vom Eckstein aus Ps. 118,22 wird in der jüdischen Überlieferung meist mit David in Verbindung gebracht. So heisst es z. B. in einem Midrasch zu Dtn. 1,17 Folgendes[51]:

"Der Stein, den die Bauleute verworfen haben, ist zum Eckstein geworden. "Die Bauleute" *bezieht sich auf Samuel und Isai.* **Die Worte** "ist zum Eckstein (hebr. rosch pina) geworden" *beziehen sich auf David. Er wurde zum Kopf (hebr. rosch, d.h. dem grössten) aller Könige.*"

Ebenso deutet es eine Stelle im babylonischen Talmud[52]:

"*R. Schmuel b Nachman hat gesagt, R. Jonathan habe gesagt: 'Ich danke dir, denn du erhörtest mich' Ps. 118,21, hat David (bei seiner Erwählung) gesagt. 'Der Stein, den die Bauleute verworfen, ist zum Hauptstein in der Ecke geworden' V. 22, hat Isai gesagt (mit Bezug auf den zunächst übersehenen David). 'Vom Herrn ist das geschehen' V. 23, das haben Davids Brüder gesagt.*

Die aramäische Übersetzung von Ps. 118,22 (Targum Ps. 118, 22ff) schreibt Folgendes:

"*Einen Jüngling (gemeint David) liessen die* **Baumeister** *(d.h. Samuel und Isai) dahinten; er war unter den Söhnen Isais und erlangte es, zum König und* **Herrscher** *(Übersetzung von Rosch Pinah,* **Eckstein***) ernannt zu werden.*"

---

[51] Midrasch HaGadol zu Dtn 1,17
[52] bPes 119a

Im Kommentar zu Micha 5,1 greift Raschi die Stelle Ps. 118,22 ebenfalls auf[53]:

"Aus dir soll hervorgehen'; *damit ist **der Messias, der Sohn Davids**, gemeint; ebenso heisst es Ps. 118,22:* 'Der Stein, den die Bauleute verworfen haben, ist zum **Eckstein** geworden'"

David ist von den Bauleuten verworfen worden, weil er zu klein und zu dünn war und rotes Haar hatte. Alle andern Söhne wurden von Isai dem Samuel zuerst vorgeführt. David hatte man ganz vergessen. Dennoch war er zum König bestimmt und er wurde es auch. Obwohl er zuerst als Stein verworfen wurde, ist er zum Eckstein geworden. Der Messias ist der Sohn Davids und daher ebenfalls der Eckstein.

Wenn Jesus in diesem Gleichnis zum Schluss Ps. 118,22 zitiert, war es den damaligen Hörern klar, dass mit dem einzigen Sohn des Weingärtners der Sohn Davids, der Messias gemeint war, weil er aus dem Hause Davids kommen wird. Mit dem Zitat von Ps. 118,22 hat Jesus nach typisch jüdischer Art der Schriftauslegung verschiedenste Assoziationen bei den Zuhörern hervorgerufen:

Der Stein	der einzige Sohn, der Sohn Davids d.h. der Messias
verworfen werden	getötet werden
zum Eckstein werden	als Messias offenbart werden

Jesus hat mit diesem Hinweis auf Ps. 118,22 auf den zukünftigen Sieg hingewiesen. Der Tod des einzigen Sohns, der von

---

[53] Raschikommentar zu Micha 5,1

den Bauleuten verworfen ist, kann den Sieg des Sohnes Davids nicht verhindern!

"Jeder, der auf diesen Stein fällt, wird zerschellen; auf wen der Stein aber fällt, den wird er zermalmen." Lk. 20,18

Es macht keinen Unterschied, ob jemand unter den Stein kommt oder ob der Stein auf ihn fällt. Was auch immer passiert, DER STEIN BLEIBT!

Einen ähnlichen Vergleich finden wir in der jüdischen Überlieferung im Kommentar zum Buch Esther[54]:

"R. Schimon b. Jose b. Laqonia hat gesagt: In dieser Welt werden die Israeliten mit den Felsen (Num. 23,9 und Jes. 51,1) und mit den Steinen (Gen. 49,24 und Ps. 118,22) verglichen; und die Völker der Welt werden mit Scherben verglichen (Jes. 30,14). Fällt der Stein auf den Topf, wehe dem Topf! Fällt der Topf auf den Stein, wehe dem Topf; so oder so, wehe dem Topf!"

DER STEIN BLEIBT!

Eine ungeheure Aussage Jesu zum damaligen Zeitpunkt kurz vor seinem Tod! Die Zusage, dass selbst sein Tod ihm als Messias nichts anhaben kann, eröffnet eine gewaltige Dimension. Jedoch nicht für alle seine Zuhörer.

---

[54] EstR 3,6

Die Bauleute

Diejenigen, die gemerkt haben, dass sie mit den Bauleuten gemeint sind, wollten Jesus so schnell wie möglich weghaben.

"Die Schriftgelehrten und die Hohenpriester hätten ihn gern noch in derselben Stunde festgenommen; aber sie fürchteten das Volk. Denn sie hatten gemerkt, dass er sie mit diesem Gleichnis meinte." Lk. 20,19

Es waren vor allem die Hohenpriester und ihre Gefolgsleute, denen Jesus nicht ins Konzept passte. Er wurde für sie mit seiner Aussage, dass er den Tempel abreissen und in drei Tagen wieder aufbauen werde, eine Lebensbedrohung. Immerhin war der Tempel und alles was damit zusammenhing ihr Leben und Einkommen. Das wollten sie nicht so schnell preisgeben. Lieber diesen gefährlichen Propheten ausschalten, als den Tempel in Gefahr bringen, war ihre Devise. Jesus hat darum gewusst und in diesem Gleichnis bewusst darauf Bezug genommen. Er hat ihre Argumente durchschaut und entkräftet und ihnen mitgeteilt, dass auch ihre Bemühungen, ihn zu töten, nicht zum erhofften Erfolg führen werden.
An einer späteren Stelle in Apg. 4 nimmt Petrus in seiner Rede vor den Hohepriestern darauf wieder Bezug:

"Am anderen Morgen versammelten sich ihre Führer sowie die Ältesten und die Schriftgelehrten in Jerusalem, dazu Hannas, der Hohepriester, Kajaphas, Johannes, Alexander und alle, die aus

*dem Geschlecht der Hohenpriester stammten. Sie stellten die beiden in die Mitte und fragten sie: Mit welcher Kraft oder in wessen Namen habt ihr das getan? Da sagte Petrus zu ihnen, erfüllt vom Heiligen Geist: Ihr Führer des Volkes und ihr Ältesten! Wenn wir heute wegen einer guten Tat an einem kranken Menschen vernommen werden, durch wen er geheilt worden ist, so sollt ihr alle und das ganze Volk Israel wissen: im Namen Jesu Christi, des Nazoräers, den ihr gekreuzigt habt und den Gott von den Toten auferweckt hat. Durch ihn steht dieser Mann gesund vor euch. **Er (Jesus) ist der Stein, der von EUCH Bauleuten verworfen wurde, der aber zum Eckstein geworden ist.** Und in keinem andern ist das Heil zu finden. Denn es ist uns Menschen kein andrer Name unter dem Himmel gegeben, durch den wir gerettet werden sollen." Apg. 4,5-12*

An dieser Stelle wird vollends klar, wer mit den Bauleuten gemeint ist. Petrus wandelt das Bibelzitat ab und spricht die Hohenpriester direkt mit "euch Bauleute" an. Sie hatten gemeint, mit dem Todesurteil über Jesus das Problem zu lösen. Petrus belehrt sie eines besseren. Der Stein, den sie verworfen hatten, ist der Eckstein und es gibt keinen anderen Messias und keinen anderen Gott unter dem Himmel, in dem Rettung ist.

Zusammenfassend kann man sagen, dass die Botschaft Jesu im Gleichnis vom einzigen Sohn kurz vor seiner Kreuzigung folgende ist:

Auch wenn der Sohn getötet wird, ist er der Stein, der nicht zerstört werden kann. Er ist der Eckstein, der Sohn Davids, der Messias. Er wird siegen und sein Sieg wird vollständig sein. Der Tod kann dem Sohn Davids nichts anhaben.

Vom Sinai bis Golgatha

Die Bibel spricht nicht nur von der Suche des Menschen nach Gott, sondern auch von Gottes Suche nach dem Menschen.... "Von Anbeginn hast Du den Menschen ausgesondert und für würdig erachtet, in Deiner Gegenwart zu stehen" (aus der Liturgie des Versöhnungstags). Es ist das geheimnisvolle Paradox des Glaubens der Bibel: Gott verfolgt den Menschen. Gleichsam als wolle Gott nicht allein sein, hat er den Menschen auserwählt, Ihm zu dienen. Wenn wir Ihn suchen, so ist das nicht nur das Anliegen des Menschen, sondern auch Sein Anliegen, und es darf nicht als ausschliesslich menschliche Sache gesehen werden. Sein Wille ist mitbeteiligt an unserem Verlangen. Die gesamte menschliche Geschichte, wie die Bibel sie sieht, kann in einem Satz zusammengefasst werden: Gott ist auf der Suche nach dem Menschen. Der Glaube an Gott ist eine Antwort auf die Frage Gottes.

Abraham J. Heschel

3. Vom Sinai bis Golgatha

Die folgenden Texte spannen einen weiten Bogen. Wenn wir das Wesentliche des Neuen Testaments verstehen wollen, ist es unabdingbar, zur Wurzel im Älteren Testament und in der jüdischen Überlieferung zurückzukehren. Selbst die Weihnachtsgeschichte kann in ihrer Tiefe nur vom biblischen Gottesverständnis her begriffen werden. Deshalb führt uns die Reise von der Offenbarung Gottes am Sinai über das Weihnachtsgeschehen in Bethlehem bis hin zum Kreuz auf Golgatha. Es ist mir wichtig, die verschiedenen Arten der Offenbarung Gottes aufzuzeigen und in den gesamtbiblischen Zusammenhang zu stellen.

3.1 Vom Sinai bis Bethlehem oder das wirklich Neue im Neuen Testament

Wie offenbart sich Gott? Um diese Frage zu beantworten, ist es wichtig, die biblischen Voraussetzungen über die Anwesenheit Gottes auf dieser Erde zu kennen. Sie bilden die Grundlage zu den Berichten im Neuen Testament über die Wirksamkeit des Messias.

Wenn wir in den Mosebüchern lesen, dann wird verschiedentlich von der Anwesenheit Gottes berichtet. So z.B. in Ex. 16,10:

"Und siehe, die Herrlichkeit des Herrn erschien in der Wolke."

Das Wort, das für Herrlichkeit verwendet wird, heisst im hebräischen כָּבוֹד - kavod. Das heisst soviel wie: Licht, Glanz, Lichtglanz, aber auch Ehre und Gewicht. Wenn es im Zusammenhang mit dem Gottesnamen gebraucht wird: כְּבוֹד־יהוה - kavod JHWH, dann meint es das Erscheinen Gottes. Gott kommt, wenn er kommt, in Herrlichkeit, Glanz und Licht.

Diesem Glanz und diesem Licht kann und darf das Volk sich aber nicht aussetzen. Das darf nur aus der Ferne geschaut werden. Ganz klar kommt das in Ex. 24 zum Ausdruck, dem Kapitel, das den Bundesschluss Gottes am Sinai beschreibt. Dort heisst es in den Versen 1 und 2:

"Und zu Mose sprach er (Gott): Steig herauf zum Herrn, du und Aaron, Nadab und Abihu und siebzig von den Ältesten Israels, und betet an von ferne. Aber Mose allein nahe sich zum Herrn und lasse jene sich nicht nahen und das Volk komme auch nicht herauf." Ex. 24, 1f

Als Gott mit Israel am Sinai den Bund schloss, war es Bedingung, dass nur Mose sich ihm nähern durfte. Das Volk musste aus der Distanz zusehen. Einige Verse weiter heisst es dann:

*"Als nun Mose auf den Berg kam, bedeckte die Wolke den Berg, und die **Herrlichkeit des Herrn** liess sich nieder auf dem Berg Sinai, und die Wolke bedeckte ihn sechs Tage...... Und die **Herrlichkeit des Herrn** war anzusehen wie ein verzehrendes Feuer auf dem Gipfel von den Kindern Israel." Ex. 24, 15-17*

Von Mose wird später berichtet, dass er Gott bat, seine Herrlichkeit sehen zu dürfen:

"Und Mose sprach: Lass mich deine Herrlichkeit sehen! ..... Und der Herr sprach: Siehe, es ist ein Raum bei mir, da sollst du auf dem Felsen stehen. Wenn dann meine Herrlichkeit vorübergeht, will ich dich in die Felskluft stellen und meine Hand über dir halten, bis ich vorübergegangen bin. Dann will ich meine Hand von dir tun und du darfst hinter mir hersehen; aber mein Angesicht kann man nicht sehen." Ex. 33,18 und 21-23

Nicht einmal Mose durfte die Herrlichkeit Gottes sehen. Er musste es sich gefallen lassen, dass Gott sein Gesicht mit der Hand verdeckte. Als er vom Berg herunterkam, leuchtete sein Gesicht so sehr, dass das Volk sich fürchtete. Er hatte den Abglanz der Herrlichkeit Gottes auf seinem Gesicht. Das Volk stand wieder von ferne und hatte alles beobachtet. Am Schluss des zweiten Mosebuchs, im 40. Kapitel, heisst es von der Wolke, dass sie sich auf der Stiftshütte niederliess und dass die Herrlichkeit des Herrn die ganze Stiftshütte ausfüllte. Doch die Stiftshütte stand ausserhalb des Lagers und nur Mose und Aaron durften sie betreten.
Nicht nur auf der Wanderung durch die Wüste oder am Sinai, sondern auch bei gottesdienstlichen Handlungen erschien Gott seinem Volk. Als z.B. Aaron das erste Opfer darbrachte, heisst es in Lev. 9,23:

*"Und Mose und Aaron gingen in die Stiftshütte. Und als sie wieder herauskamen, segneten sie das Volk. **Da erschien die Herrlichkeit des Herrn allem Volk.**"*

Man muss sich das folgendermassen vorstellen: Aaron brachte das Opfer dar. Er und Mose durften in die Stiftshütte gehen. Das Volk stand von ferne und verfolgte das Geschehen schweigend. Das war die übliche Situation des Gottesdienstes zur Zeit des zweiten Tempels. Ein Hinweis dazu findet sich auch im Neuen Testament. Bei der Ankündigung der Geburt des Johannes hatte Zacharias in Jerusalem im Tempel Dienst. Er versah seinen Dienst im Innern des Tempels und vom Volk heisst es:

*"Und die ganze Menge des Volkes **stand draussen** und betete zur Stunde des Räucheropfers." Lk. 1,10*

Der Priester durfte in den Tempel und erlebte dort die Nähe Gottes. Das Volk stand draussen und schaute von ferne zu. Um den Dienst in der Nähe Gottes versehen zu können, waren die Priester verpflichtet, alle Reinheitsrituale peinlichst genau einzuhalten.[55]

Was in den Mosebüchern von der Stiftshütte steht, das gilt später ebenso vom Tempel. Bei der Tempeleinweihung durch Salomo wird berichtet, dass die Herrlichkeit des Herrn den Tempel ausfüllte.

Der Prophet Hesekiel beschreibt im 43. Kapitel die zukünftige Stadt Jerusalem:

*"Und siehe, **die Herrlichkeit des Gottes Israels** kam von Osten, brauste, wie ein grosses Wasser braust, und es ward sehr licht auf der Erde von seiner Herrlichkeit..... und die **Herrlichkeit des**

---

[55] vgl. dazu rein-unrein, heilig und profan S. 11

Herrn kam hinein in das Tempelhaus durch das Tor, das nach Osten liegt." Hes 43,2.4

Dass die Herrlichkeit Gottes das zukünftige Jerusalem erleuchten wird, bezeugt auch die Offenbarung des Johannes:

*"Und ich sah keinen Tempel darin, denn der Herr, der allmächtige Gott, ist ihr Tempel, er ist das Lamm. Und die Stadt bedarf keiner Sonne, noch des Mondes, dass sie ihr scheinen, **denn die Herrlichkeit Gottes erleuchtet sie und ihr Licht ist das Lamm.**"*
Offb. 21,22

Gott war zur Zeit des Älteren Testaments **mit seiner Herrlichkeit immer gegenwärtig bei seinem Volk.** Das Volk hatte jedoch an dieser Herrlichkeit nur durch die Schau aus der Ferne Anteil. Das war auch noch zur Zeit des Zacharias so. Nur wenige Personen durften sich dieser Herrlichkeit nähern, so z.B. Mose, Aaron, Elia und einzelne Propheten.

3.2 Bethlehem

In diese Situation hinein wird nun die Weihnachtsgeschichte erzählt.

"1 Es begab sich aber in jenen Tagen, dass ein Gebot vom Kaiser Augustus ausging, dass die ganze bewohnte Erde sich für die Steuer einschreiben lassen sollte. 2 Diese Eintragung war die erste und geschah zur Zeit, da Cyrenius Statthalter in Syrien war. 3 Und

alle gingen, um sich einzuschreiben, jeder in seine Stadt. 4 Da ging auch Josef aus Galiläa aus der Stadt Nazareth nach Judäa hinauf zur Stadt Davids, die Bethlehem heisst, weil er aus dem Haus und Geschlecht Davids war, 5 um sich eintragen zu lassen mit Maria, seiner Frau, die schwanger war. 6 Und während ihres Aufenthaltes dort kam der Tag, dass sie gebären sollte. 7 Und sie gebar ihren ersten Sohn, wickelte ihn in Windeln und legte ihn hinauf in eine Futterschale, denn sie hatten sonst keinen Platz im Zimmer.

8 Und es waren Hirten in der gleichen Gegend auf dem Felde, die hüteten nachts ihre Herde. 9 Und der Engel des Herrn trat zu ihnen und die Herrlichkeit des Herrn leuchtete rings um sie her und sie fürchteten sich sehr. 10 Und der Engel sprach zu ihnen: Fürchtet euch nicht! Siehe, ich verkündige euch grosse Freude, die allem Volk widerfahren wird; 11 denn euch ist heute der Retter geboren in der Stadt Davids. Er ist der Messias, der Herr. 12 Und das nehmt zum Zeichen: Ihr werdet ein Kind finden in Windeln gewickelt und in einer Futterschale liegend. 13 Und plötzlich war bei dem Engel die Menge der himmlischen Heerscharen, die Gott lobten und sprachen:

14 Ehre sei Gott in der Höhe und Friede auf der Erde bei den Menschen, allein aus Seiner Gnade.

15 Und als die Engel von ihnen weg zum Himmel gingen, sagten die Hirten zueinander: Wir wollen nach Bethlehem gehen, um zu sehen, was geschehen ist, was uns Gott verkündet hat. 16 Und sie gingen schnell und fanden Maria und Joseph und das Kind in der Futterschale liegen.

17 Bei seinem Anblick erzählten sie, was sie über dieses Kind vernommen hatten. 18 Und alle, die die Erzählung der Hirten hörten, waren sehr betroffen. 19 Maria aber bewahrte alles, was geschehen war, und bewegte es in ihrem Herzen. 20 Die Hirten kehrten zurück, rühmten Gott und priesen ihn für das, was sie gehört und gesehen hatten; denn alles war so gewesen, wie es ihnen gesagt worden war." Lk. 2,1-20

Die Registrierung

Wollen wir die Weihnachtsgeschichte so lesen und verstehen, wie sie dasteht, dann müssen wir uns zuallererst von all unseren Vorstellungen, Bildern, Krippendarstellungen und Krippenspielen lösen. Dafür müssen wir einen Blick in die damalige jüdische Umwelt tun, um den Text so zu verstehen, wie er einst verstanden wurde.

Der Text beginnt damit, dass der Kaiser Augustus eine Steuereintragung veranlasste. Jedermann musste sich dort einschreiben, wo er steuerpflichtig war. Das war damals, wie bei uns heute, in der Regel dort, wo man wohnte. Allerdings gab es auch Ausnahmen. Wer nämlich unbewegliches Eigentum, also Haus oder Land, in einer anderen Stadt besass, musste dorthin reisen, um sich einzutragen. Aus der Bemerkung, dass Josef nach Bethlehem reisen musste, können wir daher schliessen, dass er dort Besitzer oder zumindest Mitbesitzer von Land und eventuell auch einem Haus war. Er oder bereits seine Vorfahren waren anscheinend nach Nazareth ausgewandert. Seine Verwandtschaft war in Bethlehem geblieben und Josef hatte Teil am Erbbesitz der Familie. Doch werden es nicht viele gewesen sein, die im gleichen Fall wie Joseph Immobilien in einer anderen Gegend besassen. Nur wenige mussten reisen. In Bethlehem hat also kaum ein solches Gedränge stattgefunden, wie wir es von den Krippenspielen her kennen. Wie kam es aber, dass Maria (hebr. Mirjam) und Joseph in einem Stall übernachten mussten?

Die Herberge

Von den Krippenspielen her sind wir gewohnt, dass Maria kurz vor der Geburt nach Bethlehem kam und sofort, nachdem sie im Stall Unterkunft gefunden hatten, ihren Sohn gebar. Aber steht das wirklich im Text?

"Und während ihres Aufenthaltes dort kam der Tag, dass sie gebären sollte" V. 6

Das heisst nun nicht: kaum waren sie in Bethlehem, hatte Maria schon Geburtstermin. Sondern: Maria und Joseph hielten sich schon in Bethlehem auf, als der Tag der Geburt kam.

"Und sie gebar ihren ersten Sohn, wickelte ihn in Windeln und legte ihn hinauf in eine Futterschale, denn sie hatten sonst keinen Platz im Zimmer." V. 7

Gerade mit diesem Vers verbinden sich so viele Vorstellungen, dass es Ihnen vielleicht schwer wird, das Nachfolgende zu akzeptieren. Wir sind uns an den Stall gewohnt, das Kind auf dem Heu in der Krippe und Ochs und Esel im Hintergrund. Eventuell denken wir auch an den Wirt, der sagt, er habe keinen Platz in seiner Herberge. Aber steht das wirklich alles in dem einen Vers? Wir wollen versuchen zu lesen, was tatsächlich dasteht.

Es steht gar nichts von einem Stall. Es heisst nur, dass Maria ihren Sohn in eine Futterkrippe legte. Von der Futterkrippe schloss man automatisch auf den Stall, denn, so dachte man, wo eine Futterkrippe ist, muss auch ein Stall sein. Also ist Jesus im Stall geboren. Ochs und Esel kamen aus Jesaja 1,3 dazu.

"Ein Ochse kennt seinen Herrn und ein Esel die Krippe seines Herrn."

In unserem Text heisst es aber lediglich, Maria habe ihr Kind in eine Futterschale gelegt, weil sie sonst "keinen Raum in der Herberge" hatten. Wir verstehen das so, dass die Herberge besetzt war und Maria und Joseph deshalb in einem Stall übernachten mussten. Wenn aber in Bethlehem, wie wir zu Beginn festgestellt haben, gar kein grosses Gedränge stattgefunden hat wegen der Registrierung, dann entfällt auch die Notwendigkeit, in einem Stall notdürftig Unterkunft zu bekommen. Wir wollen uns aus diesem Grund dem Wort "Herberge" zuwenden. Das griechische Wort für Herberge "κατάλυμα - katalyma", kommt auch noch an anderen Stellen in den Evangelien vor und zwar in Lk. 22,11 und Mk. 14,14:

*"Der Meister läßt dich fragen: Wo ist der **Raum**, in dem ich mit meinen Jüngern das Paschalamm essen kann?" Mk. 14,14*

Es wird dort jeweils nicht mit Herberge, sondern mit Raum übersetzt und beschreibt den Ort, an welchem Jesus mit seinen Schülern das letzte Mahl gehalten hat. Wir haben uns dabei also einen Raum vorzustellen, ein Zimmer für Gäste.

Haus mit Obergemach zur Zeit des Neuen Testaments

Wenn es nun in der Weihnachtsgeschichte heisst, Maria habe das Kind in eine Futterschale hinaufgelegt, weil sonst kein Platz in eben diesem Zimmer war, dann ist damit gesagt, dass es sich um ein kleines Gastzimmer gehandelt hat. Die meisten Häuser im damaligen Orient waren Einraumhäuser, doch hatten einige davon ein sogenanntes Obergemach, das als Gastzimmer diente. Vor allem die Orte in der Umgebung von Jerusalem hatten solche Gastzimmer, weil zu den Festzeiten immer viele Pilger eine Unterkunft brauchten.

Die Krippe

Was aber machen wir mit der Krippe? Ich habe in der Übersetzung des Textes am Anfang für das Wort Krippe den Aus-

druck Futterschale gewählt. Dieser trifft besser zu. Futterkrippen im alten Orient waren muldenförmige Vertiefungen
im Stallboden oder aber muldenförmige Schalen, ähnlich
einer Säuglingswaage. Wir müssen uns bei dem Wort Krippe
gerade nicht unsere Art von Futterkrippen vorstellen, sondern eine Art Futterschale. Eine solche kann nämlich sehr
wohl als Wiege für ein Neugeborenes dienen. Man braucht
sie nur mit zwei Stricken an der Decke zu befestigen und
schon kann man das Kind darin schaukeln. Dies ist der
Grund, weshalb es im Text wörtlich heisst:

*"Sie **legte es hinauf** (ἀνέκλινεν) in eine Futterschale"*

Wenn die Futterschale als Wiege an die Decke gehängt worden war, dann musste man das Kind eben hinauflegen. Dies
war nötig, weil das Zimmer so klein war, dass eine Wiege
nicht mehr Platz gehabt hätte.

*"Und sie gebar ihren ersten Sohn, wickelte ihn in Windeln und legte
ihn hinauf in eine Futterschale, denn sie hatten sonst keinen Platz
im Zimmer."*

Die Windeln

Haben Sie sich auch schon Gedanken gemacht, weshalb
extra erwähnt ist, dass Maria ihr Kind in Windeln wickelte?
Es ist doch naheliegend, ein Neugeborenes in Windeln zu
wickeln. Allerdings steht nie etwas Überflüssiges in der
Bibel. Also muss es mit den Windeln eine besondere
Bewandtnis haben. Wenn wir einen Blick in das Ältere Testa-

ment werfen, dann finden wir in Hes. 16,4 einen Hinweis zum Verständnis dieser Stelle. Dort ist die Rede von Jerusalem.

"Bei deiner Geburt war es so: Am Tag, als du geboren wurdest, wurde deine Nabelschnur nicht abgeschnitten; auch hat man dich nicht mit Wasser gebadet, damit du sauber würdest, dich nicht mit Salz abgerieben und nicht in Windeln gewickelt."

Jerusalem wurde behandelt wie ein uneheliches Kind, das ausgesetzt und vom Vater verworfen wird. Aus diesem Text können wir entnehmen, was mit dem ehelichen Kind nach der Geburt geschah. Es wurde mit Wasser gewaschen, mit Salz abgerieben und in Windeln gewickelt. Wenn also nun erwähnt ist, dass Jesus in Windeln gewickelt wurde, dann heisst das mit anderen Worten, dass Joseph dieses Kind als sein Kind anerkannt hat. Das ist von grosser Bedeutung, wenn wir daran denken, dass er Maria verlassen wollte, als er von ihrer Schwangerschaft erfuhr (Mt. 1,18f).

Die Hirten

Auch bei den Hirten müssen wir vielleicht umdenken. Sie werden in den Krippenspielen oft als sehr einfache Leute ohne Bildung dargestellt. Lesen wir aber genau, dann heisst es, dass sie ihre Herde hüteten. Das lässt darauf schliessen, dass es ihre eigenen Herden waren und sie demzufolge nicht Angestellte, sondern Herdenbesitzer waren. Das wiederum bedeutet, dass sie Bethlehemiten mit Bildung waren, was einschliesst, dass sie um die Messiashoffnung in der Bibel wussten. Dennoch ist den Hirten tatsächlich etwas ganz Ausserordentliches geschehen. Es heisst nämlich:

*"Und der Engel des Herrn trat zu ihnen, und **die Herrlichkeit des Herrn leuchtete rings um sie herum;** und sie fürchteten sich sehr." V. 9*

Die Herrlichkeit des Herrn leuchtete rings um die Hirten herum! Auf dem Hintergrund des oben Erarbeiteten ist das eine gewaltige Aussage. Die Herrlichkeit Gottes, die nach der Überlieferung des Älteren Testaments nur in der Ferne, in der Wolkensäule und im Heiligtum in Erscheinung trat, der sich nur ganz wenige nähern konnten, diese Herrlichkeit kommt in der Weihnachtsnacht zu den Menschen und **umringt sie.** Sie kommt zu den Hirten bei ihrer Arbeit, in ihren Alltag, fern von Tempel, Gottesdienst und Reinheitsritualen. Die Herrlichkeit des Herrn begab sich auf ein Hirtenfeld, mitten hinein in die Sphäre des Unreinen! Kaum verwunderlich, dass die Hirten Angst hatten. Das hatte es noch nie gegeben. In der Weihnachtsnacht hat etwas Neues begonnen. Die Herrlichkeit Gottes wohnt nicht mehr nur im Tempel, sondern ist den Menschen ganz nahe gekommen.

Und noch etwas ist völlig neu. Der Engel spricht zu den Hirten, d.h. die Herrlichkeit spricht den Menschen an. Eine solche Nähe kannte das Volk im Älteren Testament nicht. Sie wurde nur Einzelnen zuteil, wie Mose, Elia und den Propheten. Das heisst mit anderen Worten:

Weihnachten ist somit das Fest der grösstmöglichen Nähe Gottes bei den Menschen. Das ist das wirklich Neue im

Neuen Testament. Damit hatte eine völlig neue Zeit begonnen.

Die Mitteilung des Engels, dass das neugeborene Kind in einer Futterschale liegt, weist darauf hin, dass der Messias in Niedrigkeit geboren wurde. Er hat nicht, wie alle Kinder in Bethlehem, eine eigene Wiege.

Die grosse Gefahr

"Und sie gingen schnell und fanden Maria und Joseph und das Kind in der Futterschale liegen. Bei seinem Anblick erzählten sie, was sie über dieses Kind vernommen hatten. Und alle, die die Erzählung der Hirten hörten, waren sehr betroffen. Maria aber bewahrte alles, was geschehen war, und bewegte es in ihrem Herzen. Die Hirten kehrten zurück, rühmten Gott und priesen ihn für das, was sie gehört und gesehen hatten; denn alles war so gewesen, wie es ihnen gesagt worden war." V. 16-20

Die Verse 17 und 18 werden oft infolge der irreführenden deutschen Übersetzung falsch verstanden. Luther übersetzt:

"Die Hirten breiteten das Wort aus",

Zwingli übersetzt:

"Sie machten das Wort kund".

Wir schliessen daraus, dass in ganz Bethlehem die Geburt des Messias verkündet wurde, vor allem auch weil es heisst:

"Alle, die die Erzählung der Hirten hörten".

Dem ist aber nicht so. Das Wort "alle" in Vers 18 ist ganz von der Situation her zu verstehen. Joseph und Maria waren zu Gast in einem Haus. Somit werden nach der Geburt die Hausbewohner anwesend gewesen sein. Ebenso die Hebamme, die auch damals bei jeder Geburt zugegen war. Zudem heisst es auch, alle, die das hörten, waren sehr betroffen. Im Deutschen wird es in der Regel übersetzt mit "sehr erstaunt" oder "sehr verwundert sein". Aber dieses Staunen oder Wundern schliesst in sich das Unfassbare ein, das Betroffenheit auslöst.

Weshalb? Was gab Anlass, betroffen zu sein? Wir müssen uns die politische Lage der damaligen Zeit vor Augen führen. Nur wenige Kilometer entfernt regierte Herodes, der gefürchtete Herrscher, der vor nichts zurückschreckte, wenn er seine Herrschaft gefährdet sah. Und da lag der Messias als neugeborenes, hilfloses, kleines Kind. Jedem der Anwesenden war klar, dass das Leben dieses Kindes in grosser Gefahr stand. Würde Herodes erfahren, dass der König Messias geboren worden war, würde er aus lauter Angst um seinen Thron das Kind umbringen lassen. Dass er dazu fähig war, zeigt uns der Bericht über den Kindermord in Bethlehem. Das war der Grund für die Betroffenheit der Anwesenden, die sicher beschlossen hatten, darüber mit niemandem zu reden. Deshalb heisst es, dass die Hirten zurückgingen und Gott erst auf ihrem Feld lobten, weitab der Häuser, damit niemand etwas erfahre. So hat Herodes von der Geburt des Messias erst zwei Jahre später durch die Weisen aus dem Morgenland erfahren.

Neben der Freude über die langersehnte Geburt des Retters stand von allem Anfang der Schatten des Todes durch die Feindschaft des Herodes. Licht und Finsternis, Freude und Angst, Hoffnung und Verzweiflung liegen ganz nahe beieinander. Nicht nur unser Leben, auch das Leben Jesu war vom ersten Tag an davon geprägt.

Mit der Geburt des Messias hatte eine neue Zeit begonnen, die sog. messianische Zeit, die der Ausbreitung des Himmelreichs gewidmet ist.

3.3 Das Himmelreich bricht sich Bahn

Der Ausdruck "Himmelreich" oder "Reich Gottes" kommt in den Evangelien an zahlreichen Stellen vor. Auch viele der Gleichnisse Jesu haben das Himmelreich zum Thema. Bereits für Johannes den Täufer ist die Botschaft vom Himmelreich zentral:

"Zu der Zeit kam Johannes der Täufer und predigte in der Wüste von Judäa und sprach: Tut Busse, denn das Himmelreich ist nahe herbeigekommen!" Mt. 3,2

Eine aufschlussreiche Stelle findet sich in Mt. 11,12f:

"Aber von den Tagen Johannes des Täufers bis heute bricht sich das Himmelreich mit Macht die Bahn, und diejenigen, die sich mit Macht die Bahn brechen, ergreifen es eifrig. Denn alle Propheten und die Torah haben geweissagt bis hin zu Johannes."

In den meisten Übersetzungen steht, dass das Himmelreich Gewalt leidet. Dies ist jedoch keine gute Übersetzung des griechischen Wortes - βιάζω - biazo. Wie in allen Sprachen, so haben auch im Griechischen die Wörter verschiedene Bedeutungen. Die Bedeutung "sich mit Macht die Bahn brechen" trifft am ehesten auf das hebräische Wort zu, das hinter dem griechischen Text steht. In der griechischen Übersetzung des Älteren Testaments, der Septuaginta[56], steht βιάζω oft für das hebräische Wort paratz - פָּרַץ - durchbrechen[57]. Dieses Wort wiederum findet sich im Älteren Testament in demselben Zusammenhang wie bei Jesus, so z.B. in Micha 2,12f:

*"Ich will dich, Jakob, sammeln ganz und gar und, was übrig ist von Israel, zusammenbringen. Ich will sie wie Schafe miteinander in einen festen Stall tun und wie eine Herde in ihre Hürden, dass es von Menschen wimmeln soll. Er wird als ein **Durchbrecher** (poretz - פּוֹרֵץ) vor ihnen heraufziehen; sie werden durchbrechen (parzu - פָּרְצוּ) und durchs Tor hinausziehen und ihr König wird vor ihnen hergehen und der HERR an ihrer Spitze."*

In diesem Text sind zwei Figuren von Bedeutung, der Durchbrecher und der König. In Mt. 11,12 spricht Jesus vom Himmelreich, das sich mit Macht die Bahn bricht. Derjenige, der dem Himmelreich zum Durchbruch verhilft, ist der Durchbrecher. Damit ist Johannes gemeint. Er hat die Bresche geöffnet. Das Bild, das Micha 2,12f verwendet, ist das

---

[56] Die Septuaginta ist die griechische Übersetzung des Älteren Testaments, die aus dem 3. Jh. v.Chr. stammt. Sie wurde nach der Überlieferung von 72 Männern in 72 Tagen in Alexandrien angefertigt (daher der Name Septuaginta = 70).

[57] vgl. dazu Young Brad, Jesus the Jewish Theologian, Hendrickson 1995 S. 49ff

Bild von der Schafhürde. Wenn Schafhirten ihre Herden hüteten, dann errichteten sie nachts oft Hürden als provisorische Pferche. Sie bauten aus Steinen ungefähr zwei Meter hohe Zäune. In der Öffnung, durch welche die Tiere nachts hineingetrieben wurden, legte sich einer der Schafhirten schlafen. Jesus nimmt dieses Bild in Joh. 10,7 auf:

"Da sprach Jesus wieder: Wahrlich, wahrlich, ich sage euch: Ich bin die Tür zu den Schafen."

Der Schafhirte, der in der Tür übernachtete, bildete selbst eine Art Schutzwall. Am Morgen nahm der Hirte einige der Steine weg, um die Öffnung zu vergrössern d.h. einen Durchbruch für die Schafe zu machen. Die Tiere, die des Nachts eng beieinander in der Hürde gelegen hatten, drängten am Morgen durch die entstandene Öffnung hinaus. Sie **durchbrachen** die Öffnung. Das ist das Bild in Micha 2,12f:

*"Ich will sie wie Schafe miteinander in einen festen Stall tun und wie eine Herde in ihre Hürden, dass es von Menschen wimmeln soll. Er wird als ein **Durchbrecher** (poretz - פּוֹרֵץ) vor ihnen heraufziehen; sie werden **durchbrechen** (parzu - פָּרְצוּ) und durchs Tor hinausziehen und ihr König wird vor ihnen hergehen und der HERR an ihrer Spitze."*

Die Handlung ist folgende: Der Durchbrecher macht eine Öffnung in die Hürde und diejenigen, die in der Hürde sind, drängen hinaus. Draussen wartet der König auf sie, um vor ihnen herzugehen. Das bildet den Hintergrund zu der Aussage Jesu in Mt. 11:

"Aber von den Tagen Johannes des Täufers bis heute **bricht sich**
(פּוֹרֶצֶת- porezet) das Himmelreich **mit Macht die Bahn,** *und diejenigen,* **die sich mit Macht die Bahn brechen** *(הַפּוֹרְצִים- HaPor-
zim), ergreifen es eifrig. Denn alle Propheten und die Torah haben
geweissagt bis hin zu Johannes; und wenn ihr's annehmen wollt: er
ist Elia, der da kommen soll." Mt. 11,12ff* [58]

Der Durchbrecher ist Johannes der Täufer, der verheissene
Elia, der Wegbereiter des Messias. Das ist eine alte biblische
Tradition. Jesus zitiert in Mt. 11,10 den entsprechenden Vers
aus Mal. 3,1:

*"Dieser ist's, von dem geschrieben steht: 'Siehe, ich sende meinen
Boten vor dir her, der deinen Weg vor dir bereiten soll.'
(Mal. 3,1)"*

Zuerst muss Elia kommen, um die Bresche zu schlagen. Ihm
folgt der König, der Messias, mit denen, die durchbrechen.
Die Schafhürde wurde durch das Wirken von Johannes dem
Täufer weit aufgebrochen. Nun bricht das Himmelreich sich
mit Macht die Bahn. Der König, der vorangeht, ist Jesus .

*"Denn alle Propheten und die Torah haben geweissagt bis hin zu
Johannes." Mt. 11,13*

Die biblische Zeit ist mit dem Kommen des Himmelreichs
beendet. Die Propheten und die Torah haben bis zu Johan-

---

[58] vgl. die hebr. Übersetzung des griechischen Textes in: הברית החדשה מבוארת,
בעברית בת זמננו עם הארות וציון מקורות יהודיים ואחרים The Bible
Society in Israel 1991

nes geweissagt. Jetzt ist die Zeit des Himmelreichs angebrochen. Nach dieser Zeit wird der Tag der Auferstehung mit dem letzten Gericht kommen. Eine ähnliche Dreiteilung der Zeit findet sich auch in der jüdisch-rabbinischen Überlieferung[59].

Jüdisch-rabbinisch	Neutestamentlich
Diese Welt	Die biblische Zeit bis zu Johannes dem Täufer
Die Tage des Messias	Zeit der Ausbreitung des Himmelreichs
Das letzte Gericht und die zukünftige Welt	Das letzte Gericht und die zukünftige Welt

Im Neuen Testament werden die Tage des Messias der Ausbreitung des Himmelreichs gleichgesetzt. Jesus als Messias verstand sich als Zentrum dieser Himmelreichsbewegung. Er ist der König, der denen vorausgeht, die aus der Hürde hinausdrängen.

---

[59] vgl. dazu Flusser, David, Jesus, The Magnes Press, The Hebrew Universitiy, Jerusalem 2. Aufl. 1998, S. 258-275

3.4 Das Zeichen des Jona

Die Ausbreitung des Himmelreichs in der messianischen Zeit steht in engem Zusammenhang mit der Erlösung der Welt durch Gott in der Gestalt des Messias. Ein Text, der, ganz im Rahmen der jüdischen Tradition, dieses Thema aufgreift, steht in Mt. 12,38-41:

"38 Da fingen einige von den Schriftgelehrten und Pharisäern an und sprachen zu ihm: Rabbi, wir möchten ein Zeichen von dir sehen. 39 Und er antwortete und sprach zu ihnen: Das böse und abtrünnige Geschlecht sucht ein Zeichen; und es wird ihm kein Zeichen gegeben werden denn das Zeichen des Propheten Jona. 40 Denn gleichwie Jona drei Tage und drei Nächte in des Fisches Bauch war, so wird des Menschen Sohn drei Tage und drei Nächte im Schoss der Erde sein. 41 Die Leute von Ninive werden auftreten beim Gericht mit diesem Geschlecht und werden es verdammen; denn sie taten Busse nach der Predigt des Jona. Und siehe, hier ist mehr als Jona".

Was in der Regel klar ist in der Deutung dieses Textes, ist die Bezugnahme Jesu auf seinen Tod und seine Auferstehung am dritten Tag. Das ist augenfällig und nicht zu übersehen. Das ist jedoch noch nicht alles, was dieser Text beinhaltet. Wir müssen uns, um dem Text gerecht zu werden, mit der Geschichte des Jona befassen. Die Bibelkenntnis der Zuhörer damals, besonders natürlich der Pharisäer und Schriftgelehrten, mit denen sich Jesus hier unterhält, war ausgezeichnet. Deshalb brauchte Jesus auch gar nichts zu Jona sagen, jeder wusste, wovon er sprach.

Jona in der jüdischen Auslegung

Jona bekam von Gott den Auftrag, nach Ninive zu gehen und dort Busse zu verkünden. Das passte Jona aber gar nicht. Er ging stattdessen nach Jaffa und nahm dort ein Schiff nach Tarsis. Dann aber kam ein ungeheurer Seesturm auf, so dass das Schiff in Seenot geriet. Die Besatzung suchte den Schuldigen, und Jona gab zu, dass er vor Gott davongelaufen war. Er erklärte sich bereit, sich von ihnen ins Meer werfen zu lassen, d.h. zu sterben, nur damit der Sturm wieder aufhörte. Da dies die einzige Möglichkeit zur Rettung war, warfen die Besatzungsleute schweren Herzens Jona ins Meer. Gott rettete Jona aber, indem er einen grossen Fisch schickte, der Jona verschluckte und nach drei Tagen und drei Nächten wieder an Land spuckte. Das zweite Mal gehorchte Jona und ging nach Ninive. Er predigte der Stadt den Untergang, falls sie nicht Busse täten und umkehrten.

Der König nahm die Botschaft des Jona ernst und befahl der ganzen Stadt, in Sack und Asche Busse zu tun. Dadurch liess Gott von seinem Vorhaben ab, die Stadt zu vernichten. Was dann folgt, ist sehr wichtig im Zusammenhang mit unserem Text. In Jona 4,1-3 steht Folgendes:

"1 Das aber verdross Jona sehr, und er ward zornig 2 und betete zum Herrn und sprach: Ach, Herr, das ist`s ja, was ich dachte, als ich noch in meinem Lande war, weshalb ich auch eilends nach Tarsis fliehen wollte: denn ich wusste, dass du gnädig, barmherzig, langmütig und von grosser Güte bist und lässt dich des Übels gereuen. 3 So nimm nun, Herr, meine Seele von mir; denn ich möchte lieber tot sein als leben".

144

Jona war wütend. Er hatte gewusst, dass Ninive umkehren würde, und war deshalb vor Gott davongelaufen.
Weshalb hat Jona das so sehr geärgert? Das haben sich die jüdischen Bibelausleger auch gefragt. Im Jerusalemer Talmud findet sich folgende Erklärung[60]:

"Du findest, als Gott zu ihm sprach: Mache dich auf, geh nach Ninive, der grossen Stadt, und predige wider sie; denn ihre Bosheit ist vor mein Angesicht aufgestiegen *(Jona 1,2), da sprach Jona: 'Ich weiss, dass die Nichtisraeliten sich (leicht) der Busse nähern; und siehe, wenn ich nun hingehe und wider sie weissage und sie dann Busse tun, so wird Gott an den gottlosen Israeliten (die in ihrer Unbussfertigkeit verharren) Rache nehmen. Was liegt mir also ob zu tun? Ich werde fliehen!'"*

Mit anderen Worten heisst das: Jona wollte mit seiner Flucht sein Volk davor bewahren, vor Gott schlecht dazustehen. Dasselbe steht auch in einem der ältesten Midraschim, nämlich in der Mechilta[61]:

"Allein Jona sprach: Ich will ins Ausland gehen nach einem Orte, wo die Schechinah (Gott) nicht wohnt und sich offenbart, denn die Völker sind der Busse nahe (sie sind bereit, Busse zu tun), damit ich Israel nicht schuldig mache......Rabbi Jonathan sagte: Jona ging nur, um sich im Meere selbst zu vernichten, wie es heisst: Hebet mich auf und schleudert mich ins Meer *(Jona 1,12). Ebenso findest du, dass die Väter und die Propheten sich selbst für Israel hingaben. Wie heisst es bei Mose?* Vergib ihnen doch ihre Sünde;

---
[60] ySan 11,30b
[61] MekhY zu Exodus 12,1

wenn nicht, dann tilge mich aus deinem Buch, das du geschrieben hast! *(Ex. 32,32) ferner:* Willst du aber doch so mit mir (Mose) tun, so töte mich lieber, wenn ich Gnade gefunden habe in deinen Augen, damit ich mein Unglück nicht sehen muss. *(Num. 11,15)* "

Hier kommt zum Ausdruck, dass Jona bereit war, für sein Volk zu sterben. Man kann davon ausgehen, dass den Pharisäern und Schriftgelehrten diese Auslegung bekannt war. Das heisst mit andern Worten, dass Jesus ihnen mit der Aussage, dass sie nichts anderes als das Zeichen des Propheten Jona sehen werden, indirekt gesagt hat, dass auch er für sein Volk in den Tod gehen wird. In der Mechilta ist die Bereitschaft des Jona, für sein Volk zu sterben, mit der Gestalt des Mose verbunden.

Jona und Mose

Damit sind wir bei einem zweiten wichtigen Punkt. Die Gestalt des Mose weist im Älteren Testament, wie schon erwähnt[62], sehr stark auf den Messias hin. In Dtn. 18,18f lesen wir:

"Ich will ihnen einen Propheten, wie du (Mose) bist, erwecken aus seinen Brüdern und meine Worte in seinen Mund geben; der soll zu ihnen reden alles, was ich ihm gebieten werde. Doch wer meine Worte nicht hören wird, die er in meinem Namen redet, von dem will ich`s fordern."

---

[62] vgl. S. 28f

Diese Verheissung wird im Neuen Testament sehr oft direkt oder indirekt aufgenommen. So lesen wir z.B. in Joh. 1,45:

"Philippus findet Nathanael und spricht zu ihm: Wir haben den gefunden, von dem Mose in der Torah und die Propheten geschrieben haben, Jesus, der Sohn Josephs aus Nazareth."

Auch Joh. 6,14 nimmt eindeutig Bezug auf den Propheten wie Mose:

*"Als nun die Menschen das Zeichen sahen, das Jesus tat, sprachen sie: Das ist wahrlich **der Prophet**, der in die Welt kommen soll." (vgl. auch 7,40)*

In Apg. 3,22f zitiert Petrus gar den ganzen Vers aus Dtn. 18,18f und bezieht ihn ganz klar auf Jesus. Die Parallelen zwischen dem Leben von Mose und Jesus sind zudem sehr auffällig.

- Beide überleben einen Kindermord
- Beide wachsen in Ägypten auf
- Beide sind Mittler zwischen Gott und den Menschen und
- Beide sind bereit, ihr Leben für ihr Volk zu lassen

Wenn Jesus also vom Zeichen des Jona sprach, dann spielte er damit nicht nur auf die drei Tage zwischen Tod und Auferstehung an, sondern auch auf seine Bereitschaft, für sein Volk in den Tod zu gehen und auf seine Rolle als Prophet wie Mose, d.h. als Messias Israels.

Der dritte Tag

Damit ist aber die Stelle noch nicht in ihrer ganzen Bedeutung ausgelotet. Ein wichtiger Hinweis in der Jonageschichte ist auch die Zahl drei, resp. der dritte Tag. Er spielt in der jüdisch-rabbinischen Überlieferung eine grosse Rolle. Im Midrasch zum 1. Mose (Genesis Rabba) findet sich folgender Passus[63]:

"Am dritten Tage, da erhob Abraham seine Augen. *Gen. 22,4 Es steht geschrieben Hos. 6,2:* er wird uns lebendig machen in zwei Tagen, am dritten Tage wird er uns auferwecken, dass wir von ihm leben.
Vom dritten Tag der Stämme steht geschrieben Gen. 42,18: Joseph sagte am dritten Tage zu ihnen.
Vom dritten Tage der Kundschafter Jos. 2,16: Haltet euch dort drei Tage verborgen.
Vom dritten Tage der Gesetzgebung Ex. 19,16: Und am dritten Tage waren Donner und Blitze.
Vom dritten Tage Jonas (Jon. 2,1): Es war Jona in den Eingeweiden des Fisches drei Tage und drei Nächte.
Vom dritten Tage der aus dem Exil Heraufziehenden Esr. 8,15: Wir lagerten daselbst drei Tage.
Vom dritten Tage der Wiederbelebung der Toten Hos. 6,2 s. oben

Die Rabbinen sagen: **In welchem Verdienst ist der dritte Tag ein Rettungstag? Im Verdienst des dritten Tages der Gesetzgebung.**"

---

[63] GenR 56 a

Dieser Abschnitt spricht fast für sich selber. Nebst dem dritten Tag bei Jona ist der dritte Tag der Tag der Auferstehung,
resp. der Wiederbelebung der Toten nach Hos. 6,2 und ein
Rettungstag.

Zusammenfassung

Das Mosaik formt sich zu einem Bild: Die Erwähnung des
Jonazeichens besagt weit mehr, als man beim blossen Lesen
vermuten könnte. Darin eingepackt sind folgende Aussagen:
- Jesus ist bereit, stellvertretend für sein Volk zu sterben,
  wie Jona und Mose.
- Er ist der verheissene Prophet wie Mose, d.h. der Messias.
- Sein Tod ist ein stellvertretender Tod.
- Er wird am dritten Tag auferstehen und
- Seine Auferstehung am dritten Tag bedeutet Rettung, weil
  der dritte Tag nach alter Überlieferung ein Rettungstag ist.

3.5 Verantwortungsvolles Handeln als Massstab der Lebensgestaltung

Im Zusammenhang mit den Thema Erlösung drängt sich unweigerlich die Frage nach der rechten Lebensgestaltung auf. Die Anweisungen in den Evangelien sind immer ganz praktisch. So widmen sich die nachfolgenden Texte der Frage der Lebensgestaltung im Hinblick auf den Tag, an dem jeder Mensch vor Gott über sein Leben Rechenschaft ablegen muss. Dann wird es ausschlaggebend sein, wie jeder sein Leben gestaltet hat. Die Lebensgestaltung findet ihren Ausdruck vor allem im Handeln. Die Anweisung zur optimalen Lebensgestaltung ist von Gott in der Torah gegeben in Form der Gebote. Das hebräische Wort für Gebot heisst - מִצְוָה - Mizwa (Mehrz. Mizwot). Mit Mizwa ist die von Gott gebotene gute Tat gemeint, die zur Verbreitung der Sphäre des Reinen[64], resp. des Himmelreichs beiträgt. Meist sind es Gleichnisse, die die Umsetzung der Mizwot bildhaft darstellen. Die Fünffachgleichnisreihe von der Wiederkunft, die am Ende des Matthäusevangeliums steht, hat das von Gott gebotene verantwortungsvolle Handeln im Hinblick auf den Zeitpunkt der Rechenschaft zum Thema. Mit Hilfe einer Gleichnisreihe kann man einer Sache mehrere Aspekte abgewinnen und sie von verschiedenen Seiten beleuchten. Das ist auch der Sinn der nachfolgenden Fünffachgleichnisreihe.

---

[64] vgl. S. 15f

Exkurs: Das Wesen der Gleichnisse[65]

Rabbinische Gleichnisse, wie auch die Gleichnisse Jesu bestehen aus zwei Erzählebenen, der Ebene der Erfahrung und der Ebene der Offenbarung. Das Gleichnis hat immer einen Bezug zur Bibel, zur Torah. Es steht nie um seiner selbst willen da. Für den Gleichniserzähler ist es eine selbstverständliche Voraussetzung, dass die Welt Gottes, die Welt der Offenbarung, in unsere Welt hineinragt. Der Gleichniserzähler versucht, einen Aspekt der Offenbarungswelt Gottes in einen Bezug zur eigenen Welt zu bringen. Dazu nimmt er z.B. traditionelle besitzrechtliche Verhältnisse - wie Pächter, Weinberg, Wein - aus der eigenen Erfahrungswelt und setzt sie in einen Bezug zur Offenbarungswelt Gottes. Somit wird dann der Pächter zu Mose und der Weinberg zu Israel etc. So bildet die Erfahrungswelt ein Abbild der Offenbarungswelt. Dieses Abbild entspricht aber nicht einem Spiegelbild, sondern es ist lediglich eine Entsprechung. Dadurch kann aber das Gleichnis gerade das Unanschauliche, das Wunder, greifbar und fassbar machen. Da es bei den Gleichnissen immer um die Verkündigung geht, können sie nichts anderes sein als Erklärung und Plausibelmachung einer unfassbaren Wirklichkeit.

Pointe, allgemeiner Lehrsatz, Focus-Frame

Das Gleichnis hat die Aufgabe, einen Schriftvers zu erhellen und für die Zuhörer zu aktualisieren. Erst durch die Aktua-

---

[65] vgl. Thoma Clemens/Lauer Simon, die Gleichnisse der Rabbinen, erster Teil Pesiqta deRav Kahana (PesK), Judaica et Christiana Band 10, Peter Lang Bern 1986, S.22ff

lisierung bekommt ein Bibelvers plötzlich ein Gewicht und man fühlt sich angesprochen. Dabei ist die Aktualisierung auf die Situation des Einzelnen das, was man auch Pointe nennen kann. Den meisten Gleichnissen liegt aber auch ein allgemeiner Lehrsatz zugrunde. Dieser muss nicht unbedingt mit der Pointe übereinstimmen, weil er unabhängig von der Gleichniserzählung ist. Der allgemeine Lehrsatz entspricht dem Sachverhalt, der zur Diskussion steht. Er drückt den zentralen Gedanken des Gleichnisses aus. Nicht bei allen Gleichnissen haben die Motive der Erfahrungsebene eine Entsprechung auf der Offenbarungsebene. In diesem Fall ist es sinnvoller, statt nach einem allgemeinen Lehrsatz und einer Pointe zu fragen, das Gleichnis in Focus (Brennpunkt=Hauptaussage) und Frame (Rahmenerzählung) aufzuspalten.

Stilisierungen

Gleichnisse erwecken den Eindruck, dass sie Beispiele aus dem täglichen Leben schildern. Ihr Realismus ist aber nur scheinbar. Die Gleichnisse wollen ja nicht nur eine blosse Beispielerzählung sein, sondern wollen den Hörer dazu bringen, die Geschichte auf ein paralleles Gebiet zu übertragen und anzuwenden. Das Gleichnis stellt eine Forderung an den Zuhörer, nämlich seine richtige Handlungsweise vor Gott. Eindrücklich lässt sich das am Gleichnis der zehn Mädchen zeigen (Mt. 25,1-13). Das Gleichnis schildert wohl kaum eine normale Hochzeit, denn das Verhalten der zehn Mädchen ist äusserst merkwürdig. Zum einen handelt es sich um zwei genau gleich grosse Gruppen von Mädchen, die einen sind töricht, die andern klug. Beide Gruppen scheinen immer im Sprechchor miteinander zu reden. Am Ende werden gar die törichten Mädchen vom Bräutigam von der Hochzeit ausgeschlossen. Solche sonderbaren Vorkommnisse wird man wohl kaum bei einer normalen Hochzeit antreffen. Die Mädchen sind gar keine individuellen Gestalten, das Geschehen ist sehr stark stilisiert. Durch die beiden Fünfergruppen wird der starke Gegensatz zwischen den Klugen und den Törichten eindrucksvoll hervorgehoben. Dadurch wird auch die Forderung an die Zuhörer deutlich. Dass die Gleichnisse stilisiert und pseudorealistisch sind, erkennt man auch an den z.T. grausamen Zügen. Beim Gleichnis vom Knecht in der Entscheidung Mt. 24,45-51 ist es wohl kaum realistisch, dass der Herr den Knecht, wenn er schlecht ist, in Stücke hauen wird (Mt. 24,51). Weil aber die Gleichnisse stilisiert sind, empfinden wir die Strafen auch nicht gleich wie in einer realistischen Erzählung. Wir akzeptieren diese extremen Situationen als selbstverständlich.

Fünffachgleichnisreihe von der Wiederkunft

1. Zwillingsgleichnisse von Abweisung und Annahme
   Mt. 24,39b-41

I
40 Dann werden zwei   39 So
auf dem Feld sein,
einer wird genommen
und einer gelassen;

II
41 zwei [Frauen]
werden an dem Mühlstein mahlen,

eine wird genommen
und eine gelassen.

wird auch die Ankunft des Sohnes
des Menschen sein.
42 Wacht also, denn ihr wisst nicht,
zu welcher Stunde euer Herr kommt.

Die beiden Gleichnisse zeichnen sich durch äusserste Kürze aus. Weder bei den Männern (I) noch bei den Frauen (II) wird etwas über die Bewertung ihrer Arbeit ausgesagt. Die Art und Weise, wie sie auf dem Feld arbeiten (I) oder an der Mühle mahlen (II), ist nicht ausschlaggebend für die Annahme oder Abweisung. Ebenso ist sie unabhängig vom Geschlecht.

Die Aussage des Gleichnisses focussiert in dem eindringlichen Aufruf zur Bereitschaft und der Tatsache, dass das Gericht stattfinden wird. Die Personen und ihre Arbeit, die für die Gleichnisaussage nicht von Wichtigkeit sind, bilden den erzählerischen Rahmen.

Im Anschluss an diese beiden Gleichnisse stellt sich dem Hörer die Frage nach dem Zeitpunkt, an dem der Mensch Gott Rechenschaft ablegen soll. Darauf gibt das zweite Gleichnis der Fünffachgleichnisreihe Antwort.

2. Gleichnis vom nächtlichen Dieb
Mt. 24,43f

43 Das aber erkennt:
Wenn der Hausherr gewusst hätte,
in welcher Wache der Dieb komme,
so hätte er wohl gewacht
und nicht zugelassen,
dass in sein Haus
eingebrochen würde.

44 Deshalb

seid auch ihr bereit;

denn in der Stunde,
in der ihr es nicht meint,
kommt der Sohn des Menschen.

Versucht man, dieses Gleichnis nach Erfahrungs- und Offenbarungsebene aufzuschlüsseln, kommt man zu folgendem
Ergebnis.

Hausherr	Mensch
Dieb	Tag des Herrn, das Gericht
nicht ins Haus einbrechen lassen	auf das Gericht vorbereitet sein

Mit dem Dieb kann nicht die Person des Messias gemeint
sein. Nicht der Messias kommt wie ein Dieb, sondern das
Gericht. Den allgemeinen Lehrsatz, der diesem Gleichnis
zugrunde liegt, könnte man so formulieren:

Einen Einbruch muss man verhindern.

Die Pointe hingegen zielt in eine andere Richtung:

*Es ist wichtig, auf das Gericht vorbereitet zu sein, weil man den
Zeitpunkt nicht kennt.*

Das Gleichnis zeichnet sich aus durch äusserste Kürze. Die
Vorstellung des Einbruchs macht die Dramatik des Gleichnisses aus.
Nachdem nun die Frage nach dem Zeitpunkt beantwortet
worden ist, folgt unweigerlich die Frage nach der richtigen
Vorbereitung, resp. Lebensgestaltung. Dieser Frage geht das
dritte Gleichnis in der Gleichnisreihe nach.

3. Das Gleichnis vom Knecht in der Entscheidung
Mt. 24,45-51

45Wer ist nun der treue
und kluge Knecht,
den sein Herr über sein Gesinde
gesetzt hat,
um ihnen die Speise zu geben
zur rechten Zeit?
46Glückselig jener Knecht,
den sein Herr, wenn er kommt,
bei solchem Tun finden wird!
47Wahrlich, ich sage euch,
er wird ihn über seine
ganze Habe setzen.
48Wenn aber jener als böser Knecht
in seinem Herzen sagt:
Mein Herr lässt auf sich warten,
49und anfängt, seine Mitknechte
zu schlagen, und isst und trinkt
mit den Betrunkenen,
50so wird der Herr jenes Knechtes
kommen an einem Tag,
an dem er es nicht erwartet,
und in einer Stunde,
die er nicht weiss,
51und wird ihn entzweischneiden
und ihm sein Teil setzen
mit den Heuchlern:
da wird das Weinen und das Zähneknirschen sein.

Die Aufschlüsselung in Erfahrungs- und Offenbarungsebene
führt zu folgendem Ergebnis:

Herr	Gott/Messias
Knecht	Mensch
für Nahrung sorgen	das Leben in der Verantwortung vor Gott verbringen
saufen und fressen	das Leben nach eigenem Gutdünken gestalten

zurückkehren	zum Gericht erscheinen
über das Vermögen setzen	Lohn empfangen
entzweihauen	das Gericht vollziehen, Strafe empfangen

Die Hauptaussage des Gleichnisses besteht darin, dass der Mensch vor die Entscheidung gestellt ist, gut oder schlecht zu handeln, den Segen oder den Fluch und somit das Leben oder den Tod zu wählen (vgl. dazu Dtn. 30,19). Beim Gleichnis vom Knecht in der Entscheidung wird dieser Aspekt besonders im Hinblick auf den Zeitpunkt hervorgehoben, an dem sich der Mensch vor Gott verantworten muss. Der allgemeine Lehrsatz könnte folgendermassen lauten:

Wer bei der Arbeit nicht kontrolliert wird, gibt sich weniger Mühe.

Die Pointe des Gleichnisses focussiert in der Aussage:

Jeder sollte sein Leben so verbringen, dass er eine Kontrolle (das Gericht) nicht zu fürchten braucht.

Die Entscheidung, sein Leben in der Verantwortung vor Gott zu verbringen, liegt beim Menschen. Wer der Tatsache, dass er sich vielleicht ganz plötzlich vor Gott verantworten muss, keine Beachtung schenkt, muss die Konsequenzen tragen. Es gibt nur zwei Verhaltensweisen. Entweder man lebt sein Leben in der Verantwortung vor Gott oder man lebt nach eigenem Gutdünken und kann am Schluss nicht bestehen. Dabei kommt sehr deutlich die Kontrastierung zwischen klugem und törichtem Handeln zum Ausdruck.

Im zweiten Teil des Gleichnisses liegt am Schluss eine Stilisierung vor. Der Herr wird in Wirklichkeit kaum den Knecht in zwei Stücke hauen.

Die Tatsache, dass die richtige Lebenshaltung entscheidend ist, wirft sofort die Frage auf, was denn bei Gott zählt. Dieser Frage geht das Gleichnis von den zehn Mädchen nach.

4. Das Gleichnis von den zehn Mädchen
Mt. 25,1-13

Dann wird es mit dem
Reich der Himmel sein
wie mit zehn Jungfrauen,
die ihre Lampen nahmen
und ausgingen,
dem Bräutigam entgegen.
Fünf aber von ihnen waren klug
und fünf töricht.
Die, welche töricht waren,
nahmen ihre Lampen und nahmen
kein Öl mit sich;
die Klugen aber nahmen Öl in ihren
Gefässen samt ihren Lampen.
Als aber der Bräutigam
auf sich warten liess,
wurden sie alle schläfrig
und schliefen ein.
Um Mitternacht aber
entstand ein Geschrei:
Siehe, der Bräutigam!
Geht aus, ihm entgegen!
Da standen alle jene Jungfrauen auf
und schmückten ihre Lampen.
Die Törichten aber
sprachen zu den Klugen:
Gebt uns von eurem Öl,
denn unsere Lampen erlöschen.
Die Klugen aber antworteten
und sagten: Nein,
damit es nicht etwa für uns
und euch nicht ausreiche;
geht lieber hin zu den Verkäufern

So

wacht nun,
denn ihr wisst

weder den Tag noch die Stunde.

und kauft für euch selbst.
Als sie aber hingingen, zu kaufen,
kam der Bräutigam,
und die bereit waren,
gingen mit ihm ein zur Hochzeit;
und die Tür wurde verschlossen.
Später aber kommen auch
die übrigen Jungfrauen
und sagen: Herr, Herr, tu uns auf!
Er aber antwortete und sprach:
Wahrlich, ich sage euch,
ich kenne euch nicht.

Die Aufschlüsselung in Erfahrungs- und Offenbarungsebene
ergibt Folgendes:

Mädchen	Menschen vor Gott
Bräutigam	kommender Menschensohn
Öl	gute Taten
zusätzliches Öl	mehr gute Taten, als für notwendig erachtet
in den Hochzeitssaal gehen	endzeitlich mit Gott vereinigt werden
draussen bleiben	keinen Anteil an der zukünftigen Welt haben

Versucht man einen allgemeinen Lehrsatz zu formulieren,
dann lautet er etwa so:

Der Mensch ist ein Minimalist.

Die Pointe:

Wer in seinem Leben in Bezug auf den Glauben kein Minimalist war, wird endzeitlich mit Gott vereinigt werden.

Es geht wieder um die Aufforderung zur Bereitschaft, verbunden mit dem Motiv vom Öl.

Nicht alle Motive der Erfahrungsebene haben eine Entsprechung auf der Offenbarungsebene. Manche Züge sind rein episch, so z.B. das Einschlafen, das Öl, das ausgeht, die Bitte um Öl und das Kaufen von neuem Öl. Diese Motive braucht es für den Fortlauf der Geschichte. Wären die Mädchen nicht alle eingeschlafen, hätten die Törichten währenddessen Zeit gehabt, neues Öl zu holen. Wichtig ist für die Pointe nicht das Einschlafen, sondern der Vorrat an Öl. Dass mit Öl gute Taten gemeint sind, ist in der rabbinischen Literatur mehrmals belegt[66].

Beispiel von der Frau des Schiffsherrn KohR zu Koh. 9,8

Bar Kapra und
R. Jizchaq bar Kapra
sagten zu der Frau
eines Schiffsherrn,
die sich vor ihren Nachbarinnen putzte:
Dein Mann ist noch nicht hier,
für wen putzt du dich?
Mein Mann, antwortete sie,
ist Schiffsherr und kann
bei günstigem Winde
jeden Augenblick eintreffen
und vor mich treten.

---

[66] vgl. dazu auch KohR 9,8: Gleichnis von den klugen und törichten Gästen. Die Bedeutung von Öl als gute Taten wird auch durch Matth. 7,21-23 bestätigt. Diese Stelle hat auffallende Ähnlichkeit mit dem Schluss des Gleichnisses von den zehn Mädchen. Beidesmal werden die Bittenden abgewiesen, weil ihnen die guten Taten entsprechend den Weisungen Gottes fehlen.

Ist es daher nicht besser,
wenn er mich
in einem schönen

als in einem nachlässigen Anzuge
findet?

So

"seien auch deine Kleider weiss"
d.i. rein von Sünden
"und Öl auf deinem Haupte fehle
nicht" d.i. Verdienst und gute Werke.

Die guten Taten dürfen nicht mangeln, damit man beim plötzlichen frohen Ereignis nicht unvorbereitet dasteht.
Mit den guten Taten sind in der Bibel immer die Mizwot, die Gebote Gottes gemeint. Der Mensch merkt nämlich erst an seinen Taten, wozu er fähig ist, im Guten wie im Schlechten. Deshalb geht die Bibel davon aus, dass eine gute Tat ein Akt ist, den der Mensch und Gott gemeinsam tun. Die Tat im Sinne einer Mizwa ist ein Akt der Vereinigung mit Gott. Im Älteren Testament wird die älteste Form von Glauben mit den Worten "wandeln mit Gott" beschrieben. Das heisst, mit Gott gemeinsam auf dem Weg sein. Die verbindliche Auslegung der Gebote in der Torah heisst daher auch "Halachah"[67] - Wegweisung, Anweisung zum praktischen Handeln. Die Torah ist in erster Linie **Weg Gottes**, nicht Gesetz Gottes. Daher verlangt Gott von Israel immer wieder, "in allen seinen **Wegen** zu wandeln" (Dtn. 10,12). Die Befolgung der Gebote (Mizwot) in der Torah sind ein Bindeglied zwischen Mensch und Gott. Demzufolge repräsentiert eine gute Tat, eine Mizwa, Gott auf dieser Erde. Im Schöpfungsbericht lesen wir, dass Gott den Menschen zu seinem Ebenbild geschaffen hat. Diese Gottebenbildlichkeit des Menschen schliesst ein, auch wie Gott zu handeln[68].

---

[67] Halachah von hebr. halach - הלך gehen
[68] vgl. dazu bSot 14a S. 170

Deshalb sind unsere Taten entweder Antwort an Gott oder
Abwendung von ihm und damit Verfehlung des Ziels. Mit
anderen Worten: Entweder bewegen wir uns in der Sphäre
des Reinen oder wir sind im Bann der Sphäre des
Unreinen[69]. Den Willen Gottes im Tun erfüllen heisst, in
Seinem Namen zu handeln und der Sphäre des Reinen in
dieser Welt Raum zu verschaffen. Deshalb haben die guten
Taten in der Bibel einen so grossen Stellenwert. Gute Taten
sind Wege, auf denen Gott uns gegenübertritt. Die Torah ist
im Grunde genommen die Wissenschaft des Handelns.
Glauben ist biblisch gesehen nicht ein Gefühl, sondern Antwort an Gott mit dem ganzen Leben, d.h. in Wort und Tat.
Glaube und Werke gehören zusammen. Deshalb hat Jesus
sehr grossen Wert auf den praktischen Lebensvollzug durch
gute Taten gelegt. Er hat dieses Thema mit dem Gleichnis
von den zehn Mädchen auf eindringliche Art veranschaulicht.
Im Anschluss an dieses Gleichnis stellt sich dem Hörer die
Frage, wie man zu genügend guten Taten kommt. Die Antwort darauf gibt das letzte der fünf Gleichnisse.

5. Das Gleichnis von den anvertrauten Geldern
Mt. 25,14-30

Denn [es ist] wie
[bei] einem Menschen,   denn jedem
der ausser Landes reiste,
seine eigenen Knechte rief
und ihnen seine Habe übergab:
und einem gab er fünf Talente,
einem anderen zwei,
einem anderen eins,
einem jeden nach seiner eigenen Fähigkeit,

---

[69] vgl. S. 15

und reiste ausser Landes.
Sogleich aber ging der,
welcher die fünf Talente
empfangen hatte,
hin und handelte mit ihnen
und gewann andere fünf Talente.
So auch, der die zwei [empfangen hatte],
auch er gewann andere zwei.
Der aber das eine empfangen hatte,
ging hin, grub [ein Loch] in die Erde
und verbarg das Geld seines Herrn.
Nach langer Zeit aber
kommt der Herr jener Knechte
und rechnet mit ihnen ab.
Und es trat herbei,
der die fünf Talente empfangen hatte,
und brachte andere fünf Talente
und sagte: Herr, fünf Talente
hast du mir übergeben,
siehe, andere fünf Talente
habe ich dazugewonnen.
Sein Herr sprach zu ihm:
Recht so, du guter und treuer Knecht!
Über weniges warst du treu,
über vieles werde ich dich setzen;   der da hat, wird gegeben werden,
geh ein in die Freude deines Herrn.   und er wird Überfluss haben;
Es trat aber auch herbei,
der die zwei Talente empfangen hatte,
und sprach: Herr, zwei Talente
hast du mir übergeben;
siehe, andere zwei Talente
habe ich dazugewonnen.
ein Herr sprach zu ihm:
Recht so, du guter und treuer Knecht!
Über weniges warst du treu,
über vieles werde ich dich setzen;
geh ein in die Freude deines Herrn.
Es trat aber auch herbei,
der das eine Talent empfangen hatte,
und sprach: Herr, ich kannte dich,
dass du ein harter Mann bist:
du erntest, wo du nicht gesät,
und sammelst, wo du nicht ausgestreut hast;
und ich fürchtete mich und ging hin
und verbarg dein Talent in der Erde;
siehe, da hast du das Deine.
Sein Herr aber antwortete

und sprach zu ihm: Böser und fauler Knecht!
Du wusstest, dass ich ernte,
wo ich nicht gesät, und sammle,
wo ich nicht ausgestreut habe?
So solltest du nun mein Geld
den Wechslern gegeben haben,
und wenn ich kam,
hätte ich das Meine mit Zinsen erhalten.
Nehmt ihm nun das Talent weg,   von dem aber, der nicht hat, von dem
                                    wird selbst, was er hat,
                                    weggenommen werden.

und gebt es dem,
der die zehn Talente hat,
Und den unnützen Knecht
werft hinaus in die äussere Finsternis:
da wird das Weinen und das Zähneknirschen sein.

Die Aufschlüsselung in Erfahrungs- und Offenbarungsebene
führt zu folgendendem Ergebnis:

Mensch	Gott
Knechte	Menschen
ausser Land gehen	Zeit bis zur Wiederkunft
Talente	Gaben
handeln	Gaben richtig nutzen
vergraben	Gaben nicht nutzen
Rechenschaft fordern	Gericht halten
hineingehen zu des Herrn Freude	im Himmel belohnt werden
in die Finsternis werfen	im Gericht bestraft werden

Die Hauptaussage dieses Gleichnisses zielt darauf hin, dass
das Ergebnis der Mizwot beim Ablegen der Rechenschaft
Gericht entscheidend ist (genügend Öl resp. gute Taten).
Den allgemeinen Lehrsatz könnte man so formulieren:

Wer ein Vermögen hat, versucht es zu vermehren.

Die Pointe hingegen lautet:

Wer sich im Leben von der Angst bestimmen lässt, wird vor Gott nicht bestehen.

Alle drei Knechte haben mit dem anvertrauten Geld etwas gemacht. Der dritte Knecht hat aus Angst gehandelt. Das sagt einiges über seine Beziehung zum Chef aus. Wer eine gute Beziehung zu seinem Vorgesetzten hat, muss nicht Angst haben, sondern wird seine Stellvertretung mit Freude ausführen. Seine Gedanken sind darauf ausgerichtet, die Arbeit in Abwesenheit seines Chefs möglichst gut zu machen. Darauf zielt auch das Gleichnis hin: Nicht auf die Menge des erwirtschafteten Geldes kommt es an, sondern darauf, dass man es im Vertrauen mutig einsetzt. Zur guten Tat gehört nicht nur was man tut, sondern auch, **wie** man etwas tut. Im Judentum nennt man diese Haltung **Kavana**, was soviel bedeutet wie: **Ausgerichtetsein auf Gott.** Eine Tat ohne Ausrichtung auf Gott kann zwar den Mitmenschen sehr nützlich sein, bleibt aber für den Handelnden wirkungslos. Die Mizwa für die drei Knechte bestand darin, das Geld richtig zu verwalten. Sie haben diese Mizwa sehr unterschiedlich ausgeführt. Während die ersten beiden Knechte voll Vertrauen und Freude mit den Talenten gearbeitet haben, hat der dritte Knecht aus Angst die Mizwa nicht erfüllt. Die Mizwot sind jedoch um des Menschen willen da und nicht umgekehrt. Ziel der Mizwot und damit der guten Taten ist es, den Menschen zu heiligen. Diese Heiligung zeigt sich darin, dass der Mensch im Vollbringen der Tat das Heilige in dieser Welt sichtbar macht. Davon ist jedoch beim Verhalten des dritten Knechts nichts zu merken.

Die Gesamtaussage

Die ganze Gleichnisreihe steht unter dem Thema der Vorbereitung auf den Tag, an dem der Mensch vor Gott Rechenschaft ablegen muss und beinhaltet eine Steigerung in der Aussage. Im ersten Gleichnis von Abweisung und Annahme wird gezeigt, dass dieser Tag kommt und dass Männer und Frauen gleichermassen davon betroffen sind. Auf die Frage, wann der Zeitpunkt sein wird, wird im zweiten Gleichnis vom nächtlichen Dieb dem Hörer gezeigt, dass der Zeitpunkt nicht bekannt ist. Im Anschluss daran stellt sich die Frage nach dem richtigen Verhalten, die vom dritten Gleichnis, dem Gleichnis vom Knecht in der Entscheidung, aufgegriffen wird. Dieses will zeigen, wie wichtig es ist, die richtige Entscheidung, nämlich die Entscheidung für Gott und somit zum Leben zu treffen. Was diese Entscheidung für Konsequenzen mit sich bringt, wird im vierten Gleichnis von den zehn Mädchen gezeigt. Es ist wichtig, genug Öl (gute Taten) zu haben, um an der zukünftigen Welt teilhaben zu können. Was das konkret im Leben heisst, erklärt das fünfte Gleichnis. Es zeigt, wie man zu genug Öl kommt, nämlich, indem man die von Gott anvertrauten Gaben auch einsetzt. Dabei kommt es nicht auf die Grösse des Gewinns, resp. auf die Menge der guten Taten an. Jeder, der seine Gaben mutig einsetzt, wird am Ende belohnt werden, d.h. hat zum entscheidenden Zeitpunkt ganz bestimmt genug Öl dabei.

Gefragt ist nicht eine bestimmte Menge guter Taten, sondern eine entsprechende Lebenshaltung, die Kavana. Diese wird darin sichtbar, dass man ohne Furcht die von Gott anvertrauten Gaben einsetzt.

3.6 Kavana oder religiöses Verhalten? Mt. 25,31-46

Das verantwortungsvolle Tun, das in der Fünffachgleichisreihe behandelt wurde, kann auch zum Zwang entarten. Nämlich dann, wenn die Tat nur um ihrer selbst willen ausgeführt wird. Man muss **leben**, was man **tut**. Abraham J. Heschel schreibt dazu[70]:

*"Eine Mizwa **tun** ist eine Sache, teilhaben an ihrem Geist eine **andere**. Um teilhaben zu können, müssen wir lernen, unseren eigenen Beitrag zu leisten.*
Wer ausschliesslich den technischen Vollzug im Auge hat, wird das Wesen der Aufgabe nicht erkennen. Wenn die Seele ohne Gefühl ist, dann ist die Mizwa eine leere Schale. ...
*Die Gegenwart Gottes verlangt mehr als waches Bewusstsein. Kavana ist Ausrichtung auf Gott hin und erfordert eine **Ausrichtung des ganzen Menschen**. Sie ist ein Akt, der die zerstreuten Kräfte des Ich sammelt, Herz und Seele ebenso wie Wille und Verstand. Sie ist das Einswerden der Seele mit dem Inhalt der Mizwa. Es ist ein Ding, **für** eine Sache zu sein, und ein anderes, **in** einer Sache zu sein."*

---

[70] Heschel, Abraham J., Gott sucht den Menschen, eine Philosophie des Judentums, JVB 5. Auflage 2000

Immer wieder taucht der Gedanke auf, dass das Judentum und damit das Ältere Testament nur Taten und Gehorsam gegenüber dem Gesetz verlangen. Das ist eine weit verbreitete einseitige Ansicht, denn dabei fehlt die Dimension der Gottesbeziehung. Bei dieser These ist es nicht nötig zu glauben, sondern vor allem die Gesetze zu erfüllen. Das Thema ist keineswegs neu. Auch Jesus greift die Thematik auf und zeigt auf dramatische Weise, was die beiden möglichen Einstellungen, Kavana oder blosses religiöses Verhalten, für Folgen haben.

"31 Wenn aber der Sohn des Menschen kommen wird in seiner Herrlichkeit und alle Engel mit ihm, dann wird er auf seinem Thron der Herrlichkeit sitzen; 32 und vor ihm werden versammelt werden alle Nationen, und er wird sie voneinander scheiden, wie der Hirte die Schafe von den Böcken scheidet. 33 Und er wird die Schafe zu seiner Rechten stellen, die Böcke aber zur Linken. 34 Dann wird der König zu denen zu seiner Rechten sagen: Kommt her, Gesegnete meines Vaters, erbt das Reich, das euch bereitet ist von Grundlegung der Welt an; 35 denn mich hungerte, und ihr gabt mir zu essen; mich dürstete, und ihr gabt mir zu trinken; ich war Fremdling, und ihr nahmt mich auf; 36 nackt, und ihr bekleidetet mich; ich war krank, und ihr besuchtet mich; ich war im Gefängnis, und ihr kamt zu mir. 37 Dann werden die Gerechten ihm antworten und sagen: Herr, wann sahen wir dich hungrig und speisten dich? Oder durstig und gaben dir zu trinken? 38 Wann aber sahen wir dich als Fremdling und nahmen dich auf? Oder nackt und bekleideten dich? 39 Wann aber sahen wir dich krank oder im Gefängnis und kamen zu dir? 40 Und der König wird antworten und zu ihnen sagen: Wahrlich, ich sage euch, wenn ihr es *einem der geringsten dieser meiner Brüder getan habt, habt ihr es mir getan.*

41 Dann wird er auch zu denen zur Linken sagen: Geht von mir, Verfluchte, in das ewige Feuer, das bereitet ist dem Teufel und seinen Engeln! 42 Denn mich hungerte, und ihr gabt mir nicht zu essen; mich dürstete, und ihr gabt mir nicht zu trinken; 43 ich war Fremdling, und ihr nahmt mich nicht auf; nackt, und ihr bekleidetet mich nicht; krank und im Gefängnis, und ihr besuchtet mich nicht. 44 Dann werden auch sie antworten und sagen: Herr, wann sahen wir dich hungrig oder durstig oder als Fremdling oder nackt oder krank oder im Gefängnis und haben dir nicht gedient? 45 Dann wird er ihnen antworten und sagen: Wahrlich, ich sage euch, wenn ihr es einem dieser Geringsten nicht getan habt, habt ihr es auch mir nicht getan. 46 Und diese werden hingehen in die ewige Pein, die Gerechten aber in das ewige Leben." Mt. 25, 31ff

Der Text greift das zentrale biblische Thema der guten Taten unter dem Aspekt der Liebeswerke (hebr. Gemilut chasadim) auf.

Liebeswerke

Diese nehmen im jüdischen Denken einen grossen Raum ein. In den Sprüchen der Väter lesen wir z.B. Folgendes:

"Simon der Gerechte gehörte zu dem Rest der grossen Versammlung. Er pflegte zu sagen: Auf drei Dingen steht die Welt: auf der Torah, auf dem Gottesdienst und auf der Liebeserweisung (Gemilut chasadim)."[71]

---

[71] mAv I,2

Liebeswerke sind also einer der drei Pfeiler, auf denen die ganze Welt steht. Das zeigt die grosse Bedeutung, die die jüdische Überlieferung diesen Liebeswerken beimisst. An anderer Stelle, im babylonischen Talmud, findet sich eine noch prägnantere Formulierung:

"Da erwiderte ihm R. Chanina:.....du hast dich mit der Torah (Bibel) und mit Liebeswerken befasst, ich aber habe mich nur mit der Torah befasst. Dies nach R. Hona, denn R. Hona sagte: Wenn jemand sich nur mit der Torah befasst, ist es ebenso, als würde er keinen Gott haben, denn es heisst: Lange Zeit war Israel ohne den wahren Gott (2.Chr. 15,3); was heisst: Ohne wahren Gott? Wenn jemand sich nur mit der Torah befasst, so ist es ebenso, als hätte er keinen Gott."[72]

Wer also "nur" die Bibel studiert und keine Liebeswerke aufzuweisen hat, lebt gottlos. Diese Aussage ist umso gewichtiger, als man bedenken muss, dass das Torah-Studium in Israel etwas ganz Wichtiges ist. Bereits dieses Zitat zeigt, dass Torah-Studium und praktisches Tun eng zusammen gehören.

Die Liebeswerke waren ganz klar definiert. Sie umfassten:
- Krankenbesuch,
- Beherbergung von Fremden,
- Teilnahme an Hochzeitsfeierlichkeiten und Begräbnissen,
- Tröstung von Trauernden und
- Auslösung von Gefangenen.

Vergleichen wir diese Aufzählung mit den erwähnten Werken in Mt. 25, so stellen wir fest, dass sie sich entsprechen.

---

[72] bAZ 17b

Jesus hat also mit der Erzählung über das Weltgericht die traditionellen Liebeswerke zum Thema genommen.

Woher nimmt die jüdische Tradition die Zusammenstellung dieser Liebeswerke? Sie sind nicht einfach aus der Luft gegriffen, sondern werden aus der Schrift abgeleitet. Die folgende Stelle aus dem babylonischen Talmud gibt uns darüber Aufschluss[73]:

"Ferner sagte Rabbi Chama b. Rabbi Chanina: Es heisst: "Dem Herrn, eurem Gott sollt ihr folgen" Dtn. 13,5. Ist es denn einem Menschen möglich, der Göttlichkeit zu folgen, es heisst ja: "Denn der Herr, dein Gott, ist ein verzehrendes Feuer?!" Dtn. 4,24. **Vielmehr lehrt dies, dass man den Handlungen des Heiligen, gepriesen sei er, folge .** *Wie er die Nackten kleidet,* wie es *heisst: "Und Gott der Herr machte Adam und seinem Weibe Hautröcke und bekleidete sie" Gen. 3,21,* **so kleide auch du die Nackten.** *Wie der Heilige, gepriesen sei er, Kranke besucht,* wie es *heisst: "Und der Herr erschien ihm unter den Terebinthen Mamres" Gen. 18,1,* **so besuche auch du die Kranken.** *Wie der Heilige, gepriesen sei er, Trauernde tröstet,* wie es *heisst: "Und es geschah nach dem Tode Abrahams, da segnete Gott seinen Sohn Jitzchaq" Gen. 25,11,* **so tröste auch du die Trauernden.** *Wie der Heilige, gepriesen sei er, Tote begräbt,* wie es *heisst: "Und er begrub ihn im Tale" Dtn. 34,6,* **so begrabe auch du die Toten."**

Also: Nackte kleiden, Kranke besuchen, Trauernde trösten und Tote begraben sind Handlungen, die Gott in dieser Welt repräsentieren. Weil Gott auf diese Weise an den Menschen

---

[73] bSot 14a vgl. auch S. 39

handelt, sollen auch wir als Ebenbild Gottes an unseren Mitmenschen handeln.

Persönlicher Einsatz ist gefragt

Liebeswerke sind demnach nicht Dinge, die mit Geld abgegolten werden können. Es geht bei den Liebeswerken nicht darum, einer wohltätigen Organisation Geld zu spenden. Das ist etwas anderes und wird in der jüdischen Überlieferung als Almosen bezeichnet (hebr. Zedakah). Liebeswerke verlangen einen persönlichen Einsatz. Gefragt ist mein Engagement, meine Zeit, meine Präsenz, meine Bereitschaft, mich auf den Mitmenschen einzulassen, auf ihn einzugehen. Dabei könnte allerdings durchaus der Gedanke aufkommen, dass man sich mit solchen Liebeswerken im Himmel ein Verdienst erwerben könnte. Das nachfolgende Zitat aus dem Talmud lässt das vermuten[74]:

*"Von sechs Dingen geniesst der Mensch die Früchte auf dieser Welt, während ihm das Kapital für die zukünftige Welt erhalten bleibt, und zwar: Gastfreundschaft, Krankenbesuch, Andacht beim Gebete, frühzeitiger Besuch des Lehrhauses, Erziehung der Kinder zum Studium der Torah und die Beurteilung seines Nächsten zu seinen Gunsten.....Ehrerbietung gegen Vater und Mutter, **Liebeswerke**, Friedensstiftung zwischen einem Menschen und seinem Nächsten."*

Es besteht jedoch die Gefahr, aus den Liebeswerken eine Methode zu machen. Man nimmt sich vor, jede Woche

---

[74] bShab 127a

zweimal jemanden zum Essen einzuladen, einen Besuch zu machen oder drei Briefe zu schreiben etc. Das ist vor allem die Gefahr bei den Frommen. Man will doch ein guter Christ und eine gute Christin sein und möglichst viel "für den Herrn" tun! Um diese Gefahr hat Jesus gewusst. Sie war damals genauso aktuell wie heute. Der Text in Mt. 25 geht diesem Problem auf den Grund. Ist Ihnen schon einmal aufgefallen, was die Verfluchten Jesus antworten?

Das kann doch nicht sein!

*"Dann werden auch sie antworten und sagen: Herr, wann sahen wir dich hungrig oder durstig oder als Fremdling oder nackt oder krank oder im Gefängnis **und haben dir nicht gedient?**" 25,44*

Das heisst doch mit anderen Worten:

"Du warst hungrig und wir haben dir nicht gedient? Das kann ja gar nicht sein! Schliesslich haben wir uns das ganze Leben lang bemüht, gute Taten zu vollbringen. Ausgerechnet das eine Mal, auf das es ankam, sollen wir verpasst haben???"

Ja - worum geht es denn eigentlich? Jemand, der sich keine Gelegenheit zu einer guten Tat entgehen liess, soll am Ende das Nachsehen haben? So betrachtet, ist das alles andere als gerecht. Jesus spricht aber mit diesem krassen Beispiel das Problem des blossen religiösen Verhaltens an, das zur Methode wird und bei der es letztlich darum geht, etwas richtig zu machen. Das wird klar aus der Antwort, die die Gerechten geben:

Das kann doch nicht sein?

"Dann werden die Gerechten ihm antworten und sagen: Herr, wann sahen wir dich hungrig und speisten dich? Oder durstig und gaben dir zu trinken? Wann aber sahen wir dich als Fremdling und nahmen dich auf? Oder nackt und bekleideten dich? Wann aber sahen wir dich krank oder im Gefängnis und kamen zu dir? 25,37-39

Die Gerechten sind sich scheinbar nicht einmal bewusst, dass sie so etwas getan haben. Das ist der springende Punkt in der ganzen Angelegenheit. Für die Gerechten war ihr Handeln kein religiöses Verhalten und keine Methode. Sie bemühten sich nicht krampfhaft, dauernd gute Taten zu vollbringen. Es war für sie nichts Aussergewöhnliches, so zu handeln. Es war ihre Lebenshaltung - Ausrichtung auf Gott, d.h. Kavana. Das Vollbringen von Liebeswerken ist keine religiöse Pflicht, sondern **Repräsentation Gottes in dieser Welt.** Das kann nicht geschehen ohne tiefe Gottesbeziehung, denn wir sind aufgerufen, als Gottes Ebenbild stellvertretend für Ihn zu handeln auf dieser Welt. Gott hat dem Menschen die Kompetenz erteilt, an Seiner Statt zu handeln. Das ist eine grosse Aufgabe. Unsere Welt braucht konkrete Taten, die der Sphäre des Reinen Raum verschaffen. Verborgene Heiligkeit, fromme Gefühle und gute Absichten machen das Heilige in unserer Welt nicht sichtbar. Wir sind Partner Gottes und als solche aufgerufen, durch die Tat Gott zu verherrlichen. Sünde, das absolute Gegenteil von Gott (Sphäre des Unreinen), verschafft der Zerstörung Raum. Die gute Tat in der Ausrichtung auf Gott verschafft dem Heiligen Raum.

3.7 Golgatha - Die Erlösung

Mein Gott, mein Gott, warum hast du mich verlassen? Mt. 27,46

Wie das ganze Neue Testament will auch das Passionsgeschehen ganz von seinem jüdischen Hintergrund her verstanden werden. Ein Vers, der den christlichen Theologen immer wieder Kopfzerbrechen gemacht hat, ist der Vers in Mt. 27,46: der Ausruf Jesu am Kreuz:

"Mein Gott, mein Gott warum hast du mich verlassen?"

Diese Aussage ist nicht so einfach zu verstehen. Hat Gott etwa sich selbst verlassen? Das ist für unsere Vorstellung zwar eine unmögliche Möglichkeit und doch müssen wir uns diese Fragen stellen, denn dieser Vers steht in der Bibel und will verstanden werden.

Deshalb wollen wir nachvollziehen, was die damaligen Hörer gehört und verstanden haben. Es handelt sich ja bei dem Ausruf Jesu um den zweiten Vers aus Ps. 22 und das lässt darauf schliessen, dass Jesus damit etwas Besonderes ausdrücken wollte. Dabei wird uns auch die Frage beschäftigen, wie man damals aus der Bibel zitiert hat und wie die Hörer mit Schriftzitaten umgegangen sind.

Die Worte des Messias

Von grossen jüdischen Gelehrten sind immer Taten und Worte überliefert worden. So sind auch die Evangelien eine Zusammenstellung von Taten und Worten des Christus, d.h. des Messias.

Wichtig für die jüdische Überlieferung war, was der Messias in bestimmten Situationen gesagt oder getan hatte. An dieser Stelle der Kreuzigungsgeschichte sind wir jedoch an einem Punkt angelangt, an dem von Taten Jesu nicht mehr die Rede sein kann. Hände und Füsse sind ihm gebunden. Deshalb sind seine Worte in dieser Situation umso wichtiger. Der Psalmvers in Mt. 27,46 hat noch eine Parallele bei Mk. 15,34. Und zwar ist der Vers aus Ps. 22,2 bei beiden Evangelisten in aramäisch überliefert, so wie Jesus damals gesprochen hat. Das muss uns hellhörig machen. Es gibt nicht viele Worte Jesu, die uns in aramäisch überliefert worden sind. So z.B. in Mk. 5,41 "Talita kumi" bei der Auferweckung der Tochter des Jairus und in Mk. 7,34 "Itpatach (Hephata)" bei der Heilung des Taubstummen. Beide Stellen zeigen, dass Jesus mit Vollmacht über Krankheit und Tod herrscht, d.h. es sind Stellen, die Jesus die Ehre geben. Doch wie steht es damit in Mt. 27,46? Der Inhalt des Psalmverses scheint dem zu widersprechen. Gott hat Jesus verlassen! Da findet sich nichts von Herrlichkeit und Ehre, jedenfalls nicht, solange wir diesen Vers nicht als Juden hören. Das wollen wir nun versuchen.

Eli, Eli, lemana schewaqtani?

Es ist zunächst wichtig, den ersten Teil dieses Verses zu beachten. Sowohl Matthäus als auch Markus geben eine genaue Zeitangabe:

"Um die neunte Stunde."

Es ist ihnen auch wichtig festzuhalten, dass dieses Psalmwort von den Umstehenden gehört wurde, denn es berichten beide, dass Jesus mit lauter Stimme gerufen hat. Das ist nicht nebensächlich, obwohl wir vielleicht manchmal lieber hätten, dieses Wort würde nicht im Neuen Testament stehen. Nun steht es aber da, laut und deutlich. Deshalb stellt sich erst recht die Frage, was Jesus mit diesem Wort gemeint hat. Es muss etwas gewesen sein, das ihn nicht herabgesetzt oder kleiner gemacht hat. Es wäre uns sonst von den Evangelisten kaum mit dieser Betonung überliefert worden. Sie haben es demnach nicht als Verzweiflungsschrei verstanden. Wäre es damals als Verzweiflungsschrei verstanden worden, wäre das ja für die Jesus feindlich gesinnten Juden eine Bestätigung ihrer Meinung gewesen. Bereits die Einleitung zu diesem Psalmwort weist uns darauf hin, dass es sich um eine wichtige Mitteilung Jesu handelt, die zu seiner Verherrlichung dient.

Wenn wir dieses Psalmwort als damalige Hörer hören und verstehen wollen, dann müssen wir uns fragen, wie der 22. Psalm zu jener Zeit verstanden wurde. Wir finden dazu einige Anhaltspunkte in der jüdischen Überlieferung. So

steht z.B. in der Mechilta, einem alten rabbinischen Bibelkommentar zum 2. Mose, Folgendes:

" 'Er ist mein Gott (Eli), darum will ich ihn preisen. Er ist der
Gott meines Vaters (elohei avi), darum will ich ihn hoch rüh-
men.' (Ex. 15,2)
*Eli (mein Gott), mit mir verfährt er nach der Eigenschaft der
Barmherzigkeit und mit meinen Vätern verfuhr er nach der Eigenschaft des strengen Rechts. Und woher entnehme ich, dass Eli
nichts anderes als die Eigenschaft der Barmherzigkeit bedeutet?
Weil es heisst Ps. 22,2: 'Eli - mein El, mein El, warum hast du
mich verlassen?', ferner (Num. 12,13) 'El, oh heile sie doch', ferner (Ps. 118,27) 'El ist der Ewige und er erleuchtet uns.* "[75]*

Aus dieser Stelle geht sehr schön hervor, dass der Gottes-
name El Gott als den Barmherzigen bezeichnet. Das heisst
also, dass die Anrufung Gottes mit Eli eine Berufung auf
seine Barmherzigkeit ist. Auch Raschi in seinem Kommentar
zu den 5 Mosebüchern schreibt zu Ex. 34,6 Folgendes:

*"El, auch dies deutet die Barmherzigkeit an, so heisst es Ps. 22,2:
'Eli, Eli, warum hast du mich verlassen?' worunter doch nicht der
streng richtende Gott gemeint sein kann."*[76]

Daraus können wir schliessen, dass das Psalmwort, das Jesus
am Kreuz gebetet hat, nicht ein Wort der Verzweiflung
gewesen sein kann, sondern vielmehr ein Wort voll Vertrauen auf Gottes Barmherzigkeit in grosser Not.

---

[75] MekhY zu Ex. 15,2
[76] Raschi, Kommentar zum Pentateuch, 3. Auflage 1975, Victor Goldschmidt Verlag Basel

Psalm 22

Zu diesem Ergebnis kommen wir auch, wenn wir nicht nur isoliert den 2. Vers betrachten, sondern den Psalm als ganzen lesen. Die Bibelkenntnis der damaligen Zuhörer war einiges grösser als unsere Bibelkenntnis heute. So genügte es, einen Vers zu zitieren, manchmal nicht einmal den ganzen Vers und jedermann wusste, wie es weiterging. Das trifft auch auf unseren Text zu, d.h. wenn Jesus einen Vers aus Ps. 22 zitierte, dann meinte er damit den ganzen Psalm. Stellt man nun den Psalm neben die Kreuzigungsgeschichte, so kann man erstaunlich viele Parallelen entdecken:

Ps. 22,7-9

"Ich aber bin ein Wurm und kein Mensch, ein Spott der Leute und verachtet vom Volke. Alle, die mich sehen, verspotten mich, sperren das Maul auf und schütteln den Kopf: 'Er klage es dem Herrn, der helfe ihm heraus und rette ihn, hat er Gefallen an ihm'."

Mt. 27,39-43

"Die aber vorübergingen, lästerten ihn und schüttelten ihre Köpfe und sprachen: 'der du den Tempel abbrichst und baust ihn auf in drei Tagen, hilf dir selber, wenn du Gottes Sohn bist, und steig herab vom Kreuz!' Desgleichen spotteten auch die Hohenpriester mit den Schriftgelehrten und Ältesten und sprachen: 'Andern hat er geholfen und kann sich selber nicht helfen. Ist er der König von Israel, so steige er nun vom Kreuz herab. Dann wollen wir an ihn glauben. Er hat Gott vertraut; der erlöse ihn nun, wenn er Gefallen an ihm hat; denn er hat gesagt: ich bin Gottes Sohn'."

Ps. 22,15+17

"Ich bin ausgeschüttet wie Wasser, alle meine Knochen sind auseinandergerenkt. Sie haben meine Hände und Füsse durchbohrt."

Diese beiden Verse beschreiben eindeutig eine Kreuzigung.

Ps. 22,16+19

"Meine Kräfte sind vertrocknet wie eine Scherbe, und meine Zunge klebt mir am Gaumen, und du legst mich in des Todes Staub. Sie teilen meine Kleider unter sich und werfen das Los um mein Gewand."

Mt. 27,35+48

"Als sie ihn aber gekreuzigt hatten, verteilten sie seine Kleider und warfen das Los darum. Und sogleich lief einer von ihnen, tauchte einen Schwamm in Essig, steckte ihn auf einen Stock und gab Jesus zu trinken."

Man könnte fast meinen, der Evangelist habe den 22. Psalm als Vorlage für die Niederschrift der Kreuzigungsgeschichte genommen.

Wir haben uns bis jetzt noch nicht mit der Überschrift des Psalms beschäftigt. Diese ist von grosser Wichtigkeit, denn sie gibt uns Aufschluss, wie man den Psalm verstanden hat. Luther übersetzt den hebräischen Text folgendermassen:

"Ein Psalm Davids, vorzusingen, nach der Weise "die Hirschkuh, die frühe gejagt wird"".

Das ergibt ja keinen Sinn und man vertritt daher auch die Auffassung, dass es sich um eine musikalische Anleitung handelt. So übersetzen kann man die Überschrift aber nur, wenn man nicht vertraut ist mit der jüdisch-rabbinischen Terminologie. Der Ausdruck "Die Hirschkuh der Morgenröte (wörtlich für "frühe gejagt") bedeutet in der jüdisch-rabbinischen Ausdrucksweise "die Strahlen der Morgenröte"[77]. Das Geweih mit seinen einzelnen Zacken sieht aus wie die Strahlen der aufgehenden Morgenröte. Das hebr. Wort "lamnazeach", das in der regel mit "Vorzusingen" übersetzt wird, heisst wörtlich: "Auf den, der siegt". Setzt man nun diese beiden Ausdrücke zusammen, so ergibt sich folgende Übersetzung:

"Auf den, der siegt bei den Strahlen der Morgenröte, ein Psalm Davids."

Dass diese Übersetzung sinngemäss richtig ist, bestätigt auch die Septuaginta, die griechische Übersetzung des Älteren Testaments aus dem 3.Jh.v.Chr. Dort heisst die Überschrift:

"Auf das Ende hin, über die Hilfe, die beim Anbruch der Morgenröte kam, ein Psalm Davids."

Das heisst mit anderen Worten: Der 22. Psalm wurde als ein Siegespsalm verstanden. Er berichtet über den Sieg bei den Strahlen der Morgenröte. Was liegt näher, als beim Sieg bei

---

[77] vgl. Jastrow, Marcus, A Dictionary of the Talmud Bably and Yerushalmi, and the Midrashic Literature

den Strahlen der Morgenröte an die Auferstehung Jesu am frühen (!) Morgen des ersten Tages der Woche zu denken? Jesus hat seinen Tod und seine Auferstehung angekündigt. Er wusste, dass sein Gang ins Totenreich nicht das Ende bedeutete, sondern den Sieg über den Tod. Deshalb hat er den 22. Psalm, den er als Siegespsalm gekannt hat, zitiert und damit seinen Sieg angekündigt.

Das ist dasselbe Bild, das Jesaja vom Gottesknecht zeichnet:

"Fürwahr, er trug unsere Krankheit und lud auf sich unsere Schmerzen. Er wurde durchbohrt (!) wegen unserer Missetat und um unserer Sünde willen zerschlagen." Jes. 53,4.5

Das war den damaligen Hörern bekannt. Und so hörten sie aus dem Zitat des einen Vers aus dem 22. Psalm einerseits das Vertrauen auf Gottes Barmherzigkeit und andererseits die Proklamation des göttlichen Sieges, den Jesus als Messias erringen wird.

Das für uns so schwierig zu verstehende Wort:

"Mein Gott, mein Gott, warum hast du mich verlassen?"

ist also nicht ein Verzweiflungsschrei, sondern ein Hinweis auf den göttlichen Sieg über die Sphäre des Unreinen (die Sünde und den Tod) am Ostermorgen

"Auf den, der siegt bei den Strahlen der Morgenröte"

...denn sie wissen nicht was sie tun!
Lk. 23,34

Tod und Auferstehung, Schuld und Sühne, Gnade und Erlösung sind alles Begriffe, die nicht so einfach zu verstehen sind.

Wie erklären wir die Notwendigkeit des Kreuzes? Wenn wir ganz ehrlich sind, haben wir sicher auch schon zuinnerst die Frage gehabt, weshalb denn Jesus sterben musste. Vielleicht lassen wir diese Frage gar nicht zu, denn der Kreuzestod gehört ja schliesslich zum Grundlegenden des christlichen Glaubens. Doch gerade das Befragen der Bibel haben wir verlernt. In den Sprüchen der Väter (mAv II,5) heisst es:

"...der Verschämte (der sich schämt zu fragen) wird nichts lernen."

Wir wollen aber lernen und uns deshalb den Fragen nach Sünde und Sühne, Tod und Auferstehung stellen und ihnen vom alttestamentlichen und jüdischen Hintergrund her nachgehen. Gerade weil sie sich auch nur vom jüdischen Hintergrund her beantworten lassen, ist es wichtig, diesen mit einzubeziehen.

Das Wort am Kreuz

"Vater, vergib ihnen, denn sie wissen nicht, was sie tun!"

Dieser Vers gehört zu den Worten, die Jesus am Kreuz gesprochen hat. Diese wenigen Worte sind sehr wichtige

Worte, denn es blieb Jesus zu diesem Zeitpunkt keine andere Möglichkeit mehr, als sich mit Worten auszudrücken. Es ist derselbe Sachverhalt wie beim vorhergehenden Text: Die Zeit der Taten war vorbei. Hände und Füsse waren Jesus gebunden. Umso grössere Beachtung müssen wir diesen Worten Jesu am Kreuz schenken. Wie so oft in den Evangelien, haben damals diese Worte Assoziationen ausgelöst, die wir heute nicht mehr haben. Es handelt sich nämlich nicht bloss um eine Bitte um Vergebung. Es handelt sich um die Bitte um Vergebung für eine Sünde, die aus Unwissenheit geschehen ist. Das ist nicht unbedeutend. Wenn wir einen Blick in die priesterliche Überlieferung des Älteren Testaments werfen, dann stellen wir fest, dass für unterschiedliche Vergehen unterschiedliche Opfer vorgeschrieben waren.

Die Opfer im Älteren Testament[78]

Der Opferdienst lag ganz in der Hand der Priester, wobei ihr Dienst nicht nur aus dem Opferdienst bestand. In ihrer Verantwortung stand der ganze Verkehr Israels mit Gott. Sie waren die Mittler zwischen Gott und dem Volk. Sie befragten Gott und erhielten Antwort von ihm. Ihre Aufgabe war es auch, zu entscheiden über rein und unrein oder über Zugehörigkeit und Ausschluss aus der Gemeinde. Zudem waren sie verantwortlich für den Tempel. Ihr Wissen um die Ordnungen des Heiligen befähigte sie zum Opferdienst.

---

[78] vgl. dazu: Von Rad, Gerhard, Theologie des Alten Testaments, Band I, Chr. Kaiser Verlag München 1987, S.254-285

Hier war besondere Wachsamkeit der Priester gefordert, weil sich das Opfer im Bereich des göttlichen Zorns abspielte. Es ging beim Opfer um Vergebung und Austilgung des Bösen. So war z.B. der Priester damit beauftragt, das Fleisch des Opfertiers zu essen. Dazu lesen wir in Lev. 10,17 Folgendes:

"Warum habt ihr das Sündopfer nicht gegessen an heiliger Stätte? Denn es ist ein Hochheiliges, und der Herr hat es euch gegeben, dass ihr die Schuld der Gemeinde wegnehmen und sie vor ihm entsühnen sollt."

Das Fleisch des Opfertiers war hochheilig, d.h. einzig für Gott ausgesondert[79], weil zuvor die Sünde des Opfernden auf das Tier übertragen worden war. Dadurch, dass der Priester im Tempel dieses Fleisch verzehrte, vollzog er die Austilgung des Bösen. Die Priester, als Mittler zwischen Gott und dem Volk, trugen die Sünde des Volkes und erwirkten bei Gott Sühne und Vergebung.

Es ist hilfreich, hier einen Abschnitt über das Verständnis von Sünde und Sühne im Älteren Testament einzufügen.

Die Sünde und das Böse

Sünde ist im Älteren Testament definiert als Vergehen (hebr. פֶּשַׁע - Pescha), böse Gesinnung (hebr. עָוֹן - avon) oder als Verfehlung (hebr. חַטָּאת - Chatat). Alle drei Arten von Sünde stellen eine schwere Verletzung des Gottesrechts dar, einen Verstoss gegen die heilige Ordnung Gottes. Gott hatte seine

---

[79] vgl. dazu Reinund unrein - heilig und profan S. 11

Gebote dem Volk als heilige Ordnung gegeben. Wer diese heilige Ordnung verletzt, verletzt Gott selber. Das heisst, dass es sich bei jeder Sünde um eine unmittelbare Verletzung Gottes handelt! Das ist eine Dimension, die uns vielleicht nicht mehr so sehr bewusst ist.

Daneben war Sünde zur Zeit des Älteren Testaments aber auch eine soziale Angelegenheit. Damals war man sich der Gemeinschaft viel mehr bewusst als heute. Der Einzelne war nicht nur ein Individuum, sondern auch ganz fest in die Familien- oder Stammesgemeinschaft eingebunden. Daher war eine Verfehlung nicht etwas, das nur den Sünder und sein Verhältnis zu Gott betraf. Wenn jemand eine Sünde beging, d.h. das Gottesrecht verletzte, dann war die ganze Gemeinschaft dadurch vor Gott belastet.

Das Ältere Testament geht davon aus, dass durch die böse Tat das Böse in Bewegung gesetzt worden ist und dass sich dieses früher oder später gegen den Sünder oder seine Gemeinschaft wendet. Die Strafe, die der Sünder erhält, ist also nicht eine Strafe Gottes, sondern eine Ausstrahlung des weiterwirkenden Bösen. So lesen wir z.B. in Num. 32,23:

"Wenn ihr das aber nicht tun wollt, siehe, so werdet ihr euch an dem Herrn versündigen und ihr werdet erkennen, dass euch eure Sünde finden wird."

Die Sünde, die böse Tat, die begangen wurde, findet den Täter und straft ihn. Das Böse, das durch die Sünde in Bewegung gesetzt worden ist, ist auch für die Gemeinschaft eine Bedrohung, weil es zerstörerische Kraft hat. Ein Blick in unsere Umwelt lässt uns die Realität dessen sehr deutlich erkennen. Das Zerstörerische hat eine Eigendynamik bekommen.

Sühne und Vergebung

War eine Verletzung des Gottesrechts geschehen und damit das Böse in Bewegung gesetzt worden, dann stellte sich die Frage, ob eine solche Tat vergeben werden konnte oder nicht. Diese Entscheidung zu fällen war Aufgabe der Priester, die dazu von Gott bevollmächtigt waren. War eine Sünde unvergebbar, dann musste der Betreffende seine Schuld tragen, d.h. er wurde mit dem von ihm angerichteten Bösen alleingelassen, war ihm ausgeliefert. Oder aber er wurde durch das Aussprechen eines Banns aus der Gemeinschaft ausgeschlossen, was einem Todesurteil gleichkam.
Den einzigen Schutz gegen das Böse, das durch Sünde in Bewegung gesetzt worden war, bot der Vollzug der Sühnehandlungen, der Opfer.
Bei den Opfern spielt nun das Blut eine grosse Rolle. So steht z.B. in Lev. 17,11:

"Denn das Leben des Leibes ist im Blut; und ich habe es euch für den Altar verliehen, dass man für euch selbst damit Sühne wirke; denn das Blut, - durch das Leben in ihm wirkt es Sühne."

Das Blut, das zum Genuss verboten ist, ist zu einem speziellen Zweck von Gott gegeben, nämlich zum Vollzug der Sühne. Das Blut sühnt, weil es der Träger des Lebens ist.
Doch wie geschieht die Sühne? Die Tatsache ist die, dass durch die böse Tat das Böse in Bewegung gesetzt worden ist

und zerstörerisch auf den Sünder und seine Gemeinschaft wirkt. Der Sünder bringt nun ein Opfertier dar, auf das die böse Tat übertragen wird. So ist nun das Opfertier stellvertretend für den Sünder dem Bösen ausgeliefert. Das Opfertier empfängt die zerstörerische Wirkung des Bösen, indem es stirbt. Der Tod ist Ausdruck der Lebenszerstörung. Das Böse übt also seine Zerstörung am Opfertier anstatt am Sünder aus. Damit ist der Sünder von der zerstörerischen Wirkung des Bösen auf ihn oder seine Gemeinschaft bewahrt. Das Blut des Opfertiers steht zwischen dem zerstörerischen Bösen und dem Sünder. Es unterbricht den Unheilszusammenhang zwischen der Sünde und der Zerstörung.

Eine unvergebbare Sünde musste deshalb mit dem eigenen Leben, resp. mit dem eigenen Blut gesühnt werden, damit die Zerstörung kein Anrecht auf die Gemeinschaft hatte.

Sühne durch Opfer war also kein Strafakt, sondern ein Heilsgeschehen, weil sie der Schutz gegen die zerstörerische Wirkung des Bösen war.

Das alles war aber durchaus kein "magisches" Geschehen, das man nur absolvieren konnte, und dann war die Sache erledigt. Die Entscheidung, ob eine Sühnehandlung, also ein Opfer, angebracht oder ob die Sünde unvergebbar war, lag bei Gott. Nur wenn der Betreffende durch den Priester ein Ja von Gott erhalten hatte, konnte das Opfer dargebracht werden.

Unter diesen Voraussetzungen gesehen, wird die Notwendigkeit des Sühnetods Jesu klar. Jesus hat durch seinen Tod ein für allemal die Möglichkeit geschaffen, immer wieder neu diesen Zusammenhang zwischen Sünde und Zerstörung aufzuheben. Wir als Sünder können immer wieder sein Blut in Anspruch nehmen als Schutz gegen das in Bewegung gesetzte Böse, das uns und unsere Umgebung zerstören will.

Dies hat gerade in unserer heutigen Zeit grosse Aktualität. Wer mit offenen Augen beobachtet, erkennt das immer grösser werdende Ausmass an Zerstörung in unserer Welt. Das sind die sichtbaren Zeichen des in Bewegung gesetzten Bösen. Wir alle tragen dazu bei, dass das Böse in Bewegung bleibt. Paulus drückt das sehr treffend aus:

"Ich weiss, dass in mir, d.h. in meinem Fleisch, nichts Gutes wohnt; das Wollen ist bei mir vorhanden, aber ich mag das Gute nicht zu verwirklichen. Denn ich tue nicht das Gute, das ich will, sondern das Böse, das ich nicht will. Wenn ich aber das tue, was ich nicht will, dann bin nicht mehr ich es, der so handelt, sondern die in mir wohnende Sünde...Ich unglücklicher Mensch! Wer wird mich aus diesem dem Tod verfallenen Leib erretten? Gott aber sei Dank durch Jesus Christus, unsern Herrn!" Röm. 7,18-20.24.25

Deshalb hat Jesus ein für allemal die Sühne vollzogen, damit wir diesem Zustand nicht schutzlos ausgeliefert sind und daran verzweifeln müssen.

Das ist der Grund, weshalb der Sühnetod Jesu Heilsgeschehen ist, d.h. Erlösung. Erlösung bedeutet: Wir müssen unsere Schuld nicht mehr tragen[80].

---

[80] vgl. S. 186 dem Bösen ausgeliefert

Sünde aus Unwissenheit

Wie bereits erwähnt, gab es für die verschiedenen Sünden verschiedene Opfer. Wer eine Sünde aus Unwissenheit beging, musste ein Schuldopfer darbringen.

"Wenn jemand sich vergreift und aus Versehen sich versündigt an dem, was dem Herrn geweiht ist, so soll er für seine Schuld dem Herrn einen Widder ohne Fehler von der Herde bringen...als Schuldopfer." Lev. 5,15

Der aufmerksame Leser wird bemerkt haben, dass die Bibelstelle mit diesen Vergehen ausdrücklich Dinge meint, die Gott geweiht sind. Nur wer sich aus Unwissenheit an dem Gottgeweihten vergreift, muss ein Schuldopfer darbringen.

Jesus bittet am Kreuz um Vergebung für ein solches Vergehen aus Unwissenheit. Ein Vergehen an ihm, dem Gottgeweihten. Er selber verstand sich als Schuldopfer. Das ist nicht unwesentlich. Für die damaligen Hörer hatte das eine ganz grosse Bedeutung. Der Gedanke, sich selber als Schuldopfer hinzugeben, ist nämlich nicht neu. Er findet sich ganz konkret in Jes. 53,10:

"Wenn er sein Leben zum Schuldopfer gegeben hat, wird er Nachkommen haben und in die Länge leben, und des Herrn Plan wird durch seine Hand gelingen."

Jesaja 53, die Schilderung vom Gottesknecht, wurde zur Zeit Jesu auch messianisch gedeutet.

Die Erwähnung der Sünde aus Unwissenheit löste demnach bei den Zuhörern die Assoziation "Schuldopfer" aus. Dies wiederum assoziierten die damaligen Hörer mit Jes. 53, dem Gottesknecht. Und mit dem Gottesknecht verband sich die Vorstellung des Messias.

Tod und Auferstehung

Wir haben oben erwähnt, dass das Darbringen eines Opfers nicht eine magische Angelegenheit war. Der Opfernde konnte sein Opfer nur darbringen, wenn Gott sein Ja dazu gab. In diesem Zusammenhang stellt sich die Frage, ob Gott sein Ja zum Sühnetod Jesu gegeben hat. Woher wissen wir, dass der Tod Jesu sühnt? Auch die Rabbinen haben sich die Frage nach der Sühnewirkung des Todes immer wieder gestellt. In der Mechilta, einem sehr alten Bibelkommentar zum 2. Mose, heisst es Folgendes[81]:

"Rabbi sagt: Ich könnte glauben, dass der Tag des Todes nicht sühnt; weil es aber heisst (Hes. 37,13) 'Wenn ich eure Gräber öffne', so lernst du, dass der Tag des Todes sühnt."

Zum Beweis, dass der Tod sühnt, wird auf das Öffnen der Gräber verwiesen, d.h. auf die Auferstehung. Nur die Auferstehung, auch wenn sie, wie in dem obigen Zitat, nur erhofft wird, ist der Beweis dafür, dass der Tod sühnt. D.h. auf den Sühnetod Jesu übertragen: Dadurch, dass Gott sein Grab geöffnet hat, hat er offenbart, dass der Tod Jesu sühnt.

---

[81] MekhY zu Ex. 20,7

3.8 Die Auferstehung von den Toten

Gerade im christlichen Bereich ist die Meinung verbreitet, dass Auferstehung etwas typisch Christliches ist. Sie gehört zu dem Wesentlichen der Evangelien, weshalb damit vor allem die Auferstehung Jesu assoziiert wird. Werfen wir aber einen Blick in das Ältere Testament und in die jüdisch-rabbinische Literatur, dann entdecken wir, dass über das Thema Auferstehung sowie die damit zusammenhängenden Themenkreise (Leben nach dem Tod, zukünftige Welt, Totenwelt und Gericht) eine Fülle von Quellen vorhanden ist. Man kann zwar nicht behaupten, dass diese verschiedenen Quellen zum Thema Auferstehung einheitliche Aussagen machen. Es findet sich darin eine grosse Bandbreite verschiedener Meinungen. Doch ist es trotzdem möglich, eine gewisse Linie zu erkennen. So soll hier die Linie von der biblischen Tradition, dem Älteren Testament, über die rabbinische Tradition zum Neuen Testament hin gezogen werden. Das Ziel soll vor allem auch sein, die jüdisch-rabbinische Tradition der Auferstehung in den neutestamentlichen Texten sichtbar zu machen. Eine bewährte Art der Rabbinen, einen biblischen Sachverhalt zu erhellen und verständlich zu machen, war es, Gleichnisse zu erzählen. Gerade in Gleichnissen kommt oft die Tiefendimension einfacher Aussagen zum Ausdruck. Um das Thema Auferstehung, Jenseitsvorstellungen und Leben nach dem Tod zu beschreiben, ist es daher naheliegend, Gleichnisse zu verwenden. So sollen auch jetzt vor allem Gleichnisse und Gleichnisbilder zum Sprechen kommen. Diese sollen uns einen Einblick geben in das Denken, die Argumentation und die Vorstellungswelt der Rabbinen, eine

Vorstellungswelt, die zum grossen Teil auch die des Neuen Testaments ist.

Jenseitsvorstellungen im Älteren Testament

Grundlegend für die Jenseitsvorstellungen und somit für die Auferstehungslehre ist die Vorstellung von der Einheit von Körper und Seele. Diese hat nichts mit dem hellenistischen Gedanken der unsterblichen Seele gemein. Für die biblische Anthropologie (Lehre vom Menschen) ist ein Leben ohne Körperlichkeit unvorstellbar. Während für den griechischen Menschen der Sitz des Lebens die Seele ist, ist es für den altorientalischen Menschen der Körper. Das hat seine Auswirkungen auch auf das Leben nach dem Tod. Für den hellenistischen Menschen ist der Körper nur Gefängnis für die Seele, welche nach dem Tod davon befreit wird. Nicht so für den orientalischen Menschen. Für ihn geht auch nach dem Tod das Leben in einer, wenn auch verminderten, Körperlichkeit weiter. Auch die Auferstehungsberichte im Neuen Testament legen sehr grossen Wert auf die Tatsache der Körperlichkeit. Sie sind bemüht zu zeigen, dass Jesus mit seinem Körper auferstanden ist und nicht als Geist.

"Seht meine Hände und meine Füsse an: Ich bin es selbst. Fasst mich doch an, und begreift: Kein Geist hat Fleisch und Knochen, wie ihr es bei mir seht....Sie staunten, konnten es aber vor Freude immer noch nicht glauben. Da sagte er zu ihnen: Habt ihr etwas zu essen hier? Sie gaben ihm ein Stück gebratenen Fisch; er nahm es und ass es vor ihren Augen." Lk. 24,39-43[82]

---

[82] vgl. auch Joh. 21,13

Im Älteren Testament ist die Toten- oder Unterwelt, die Scheol, der Bereich, der die Verstorbenen aufnimmt. Dort sind sie aber von den Lebenden und von Gott getrennt. Sie befinden sich zwar noch im Machtbereich Gottes:

"Und wenn sie sich auch unten bei den Toten vergrüben, soll sie doch meine Hand von dort holen." Am. 9,2

"Unterwelt und Abgrund liegen offen vor dem Herrn." Spr. 15,11

Sie sind aber vom Geschichtshandeln Gottes ausgeschlossen (Ps. 88). Sie befinden sich in einem Zustand verminderten Lebens.

Dass der Mensch nach dem Tode weiterexistiert, wird nicht bezweifelt, doch sind diese beiden Welten streng getrennt. Den Israeliten ist deshalb auch jeglicher Totenkult verboten.

"Wenn sie aber zu euch sagen: Ihr müsst die Totengeister und Beschwörer befragen, die da flüstern und murmeln, so sprecht: Soll nicht ein Volk seinen Gott befragen? Oder soll man für Lebendige die Toten befragen?" Jes. 8,18 [83]

Der Körper ist für das Ältere Testament Staub (Gen. 2,7; 3,19; Pred. 3,20) und Fleisch (Jes. 40,6b-8). In diesen Körper hat Gott seinen Lebensodem (hebr. נִשְׁמַת חַיִּים - Neschamat Chajim) eingeblasen. Damit wird der Mensch zu einem lebendigen Wesen. Leben ist definiert als Einheit von Körper und Nephesch (hebr. נֶפֶשׁ), wobei mit Nephesch oder

---

[83] vgl. auch 5. Mose 18,11

Neschamah (נְשָׁמָה) Seele, Leben, Person, Wunsch, Geist und Lebensatem gemeint ist.

Die Verstorbenen werden im Älteren Testament als Tote, im Staub Wohnende (Jes. 26,19) oder Schatten (Spr. 9,18) bezeichnet. Sie leben dort in einem verminderten Zustand, das zeigt auch die Tatsache, dass sie nur murmeln können (Jes. 29,4). Sie können auch Gott nicht mehr loben (Ps. 115,16-18). Der Tod tritt ein, sobald der Nephesch den Körper verlässt und zu Gott zurückkehrt (Pred. 12,7).

Jenseitsvorstellungen in der jüdisch-rabbinischen Überlieferung

Der Nephesch (Seele, Geist, Leben, Person, Lebensatem) wird in der jüdischen Tradition als Leihgabe verstanden, die am Ende des irdischen Lebens Gott, möglichst in Reinheit, wieder zurückgegeben werden soll. So wird dies auch heute noch im Morgengebet in der Synagoge gebetet:

"Mein Gott! Die Seele (נְשָׁמָה - Neschamah), die du mir rein gegeben, du hast sie geschaffen, du hast sie gebildet, du hast sie mir eingehaucht, und du hütest sie in mir, du wirst sie einst von mir nehmen und sie mir wiedergeben in der zukünftigen Welt."

Dasselbe wird im Gleichnis von den königlichen Gewändern deutlich sichtbar.

Gleichnis von den königlichen Gewändern[84]

"Und der Geist kehrt zu Gott zurück, der ihn gegeben hat"
*Pred. 12,7. Gib ihn zurück, wie er ihn dir gegeben hat, wie er ihn
dir in Reinheit gegeben hat, ebenso sollst du ihn ihm in Reinheit
geben.*

Ein Gleichnis:
Gleich einem König
aus Fleisch und Blut,
der an seine Diener
königliche Gewänder verteilte;
die Klugen wickelten sie zusammen
und legten sie in die Truhe,
die Toren aber
verrichteten in diesen ihre Arbeit.
Als nach Tagen
der König nach seinen
Gewändern verlangte,
gaben die Klugen sie ihm
sauber zurück,
die Toren aber gaben sie ihm
schmutzig zurück.
Da freute sich der König
über die Klugen,
über die Toren aber zürnte er.
Darauf ordnete er bezüglich
der Klugen an:

Ebenso

spricht auch der Heilige, gepriesen sei er,
über den Leib der Gerechten:

Die Gewänder sind in die
Schatzkammer zu bringen,
und diese mögen in Frieden
nach Hause gehen.

Er komme in Frieden,
sie mögen auf ihren Lagerstätten ruhen.
Jes 57,2
Und von ihrer Seele heisst es:
So möge die Seele meines Herrn
in das Bündel des Lebens eingebunden
sein. 1.Sam 25,29
Über den Leib der Frevler aber
spricht er:

Bezüglich der Toren aber
ordnete er an:
Die Gewänder sind zum

---

[84] bShab 152b

196

Wäscher zu bringen, und diese sperre man ins Gefängnis.	Keinen Frieden, spricht der Herr,

Wäscher zu bringen,
und diese sperre man
ins Gefängnis.

Keinen Frieden, spricht der Herr,

gibt es für die Frevler. Jes 48,22
Und von ihrer Seele heisst es:
Und die Seele deiner Feinde möge er
in der Schleuderpfanne fortschleudern.
1.Sam 25,29

In der späteren Zeit (2. Jh.v.Chr.), wird die Scheol (Toten-welt) unterschieden in Gan Eden (Paradies) und Gehinnom (Hölle, so in Mk. 9,43). Diese Vorstellung findet in Gleichnissen ihren Niederschlag, so z.B. im

Gleichnis von den verschiedenen Genossenschaften[85]

"Krummes kann nicht gerade werden" *(Pred. 1,15, Fortsetzung: "Und Mangelndes nicht gezählt werden").*
In dieser Welt kann derjenige, der verderbt ist, in Ordnung gebracht werden. Aber in der Zukunft (zukünftigen Welt) kann derjenige, der verderbt ist, nicht in Ordnung gebracht werden, und derjenige, der in Mangel ist, kann nicht gezählt werden.

Es gibt von den Bösen (solche),
die einander Genossen sind in (dieser) Welt.
Einer von ihnen tat Busse
in seinem Leben vor seinem Tode,
der andere nicht.
Jener steht an der Seite der Genossenschaft der Gerechten.
Und dieser steht an der Seite der Genossenschaft der Bösen.
Und er sieht seinen Genossen und sagt:
Sollte es hier wohl Parteilichkeit geben?
Dieser Mann war unser Genosse.
Wir haben miteinander gestohlen, geraubt
und alles Böse in der Welt angestiftet.
Warum steht er in der Genossenschaft der Gerechten
und ich stehe in der Genossenschaft der Bösen?
Da spricht man zu ihm:

---

[85] KohR zu Koh 1,15 (gekürzt)

Du Tor, du bist verkehrt gewesen.
Wurdest du etwa 2 oder 3 Tage nach deinem Tode
in einen Sarg getan?
Wurdest du nicht mit Stricken ins Grab geschleift,
so wie es Jes. 40, 19.20 beschrieben ist?
Diese schimpfliche Behandlung sah dein Genosse
und schwur, den lasterhaften Wandel mit dem tugendhaften
zu vertauschen.
Und eine Umkehr und Sinnesänderung hat ihm
Leben, Ehre und Gemeinschaft mit den Gerechten eingetragen.
Dir war auch die Möglichkeit der Besserung gegeben.
Lasst mich, spricht er, ich will gehen und Busse tun.
Und man erwidert ihm und sagt:
Weisst du nicht, dass diese Welt dem Sabbat gleicht,
und die Welt, aus der du gekommen bist,
gleicht dem Vorabend des Sabbat?
Hat der Mensch an diesem (Vorabend) nichts vorbereitet,
was will er an jenem (Sabbat) essen?
Er knirscht mit seinen Zähnen
und nagt an seinem Fleisch und sagt:
Lasst mich zu meiner Strafe den Lohn meines Genossen sehen.
Man erwiderte ihm:
Du Tor, uns ist vom Allmächtigen die Weisung gegeben,
dass die Gerechten nicht inmitten der Bösen stehen sollen
und die Bösen nicht inmitten der Gerechten.
Und die Reinen nicht an der Seite der Unreinen
und die Unreinen nicht an der Seite der Reinen.
Deshalb sind wir an das Tor gestellt worden.
Er zerreisst seine Kleider und reisst sich an seinem Haar,
denn es ist gesagt (Ps 112,10):
"Der Gottlose wird (es) sehen und sich ärgern, wird mit den Zähnen knirschen
und vergehen."

Aus diesem Gleichnis geht sehr deutlich hervor, dass die Frevler und die Gerechten einander in der zukünftigen Welt sehen können. Die beiden Welten sind aber durch ein Tor voneinander getrennt, so dass niemand von einem Ort zum andern gelangen kann. Ebenso ist sehr auffällig, wie von einer Körperlichkeit der Verstorbenen in der zukünftigen Welt ausgegangen wird. Der Genosse hat Augen, kann reden, mit den Zähnen knirschen, am Fleisch nagen, seine Kleider zerreissen und sich die Haare raufen.

Jenseitsvorstellungen im Neuen Testament

Das gleiche Bild und die gleiche Vorstellungswelt finden wir auch im Neuen Testament und zwar in Lk. 16,19-31 im

Gleichnis vom reichen Mann und vom armen Lazarus

"Gleich einem reichen Mann.
der gekleidet war in Purpur und feine Leinwand
und er freute sich jeden Tag.
Ein armer Mann namens Lazarus
wurde in das Tor seines Hauses gelegt.
Er war voll Eiterbläschen
und begehrte von den Krümeln,
die vom Tisch des Reichen herunterfielen, satt zu werden.
Die Hunde kamen und beleckten seine Eiterbläschen.
Da geschah es,
dass der Arme starb
und von den Engeln in den Schoss Abrahams gebracht wurde.
Auch der Reiche starb
und wurde begraben.
Und als er in seinen Schmerzen in der Totenwelt war
und seine Augen erhob,
sah er Abraham von weitem und Lazarus in seinem Schoss.
Da schrie er und sagte:
Mein Vater Abraham, erbarme dich meiner
und schicke doch Lazarus,
damit er seine Fingerspitze in Wasser eintaucht
und meine Zunge kühlt,
denn ich werde an diesem Ort gequält.
Abraham sagte:
Mein Sohn, denke daran,
dass du dein Gutes in deinem Leben genommen hast
sowie Lazarus das Böse genommen hat.
Jetzt wird er getröstet,
du aber wirst gepeinigt.
Und ausserdem ist ein grosser Graben
zwischen uns und zwischen euch,
damit diejenigen, die von hier zu euch hinübergehen wollen,
nicht können,
und damit niemand von dort zu uns hinüberkommen kann.
Er sagte:
Wenn es so ist, mein Vater,

bitte ich dich, dass du ihn zum Hause meines Vaters schickst,
denn ich habe fünf Brüder, damit er ihnen ein Zeugnis gibt,
damit nicht auch sie an diesen leidvollen Ort kommen.
Abraham sagte:
Sie haben Mose und die Propheten,
auf die sollen sie hören.
Und er sagte:
Nicht doch, Vater Abraham,
sondern wenn einer von den Toten zu ihnen geht,
dann werden sie umkehren.
Und er sagte zu ihm:
Wenn sie nicht auf Mose und die Propheten hören,
dann werden sie auch nicht glauben,
wenn einer von den Toten aufsteht."

Auch hier ist es so, dass der reiche Mann den Lazarus sehen kann und umgekehrt. Aber es wird betont, dass ein Graben besteht, der nicht überschritten werden kann. Ganz deutlich kommt hier auch die Vorstellung der Körperlichkeit zum Ausdruck. Der reiche Mann hat Augen, eine Zunge, er kann reden, hat Durst und leidet Qualen. Dies alles sind physische Bedürfnisse, die ohne einen Körper nicht gedacht werden können. Es ist dies auch nicht die einzige Aussage dieser Art in den Evangelien. Verschiedentlich wird der Ort erwähnt, an dem Heulen und Zähneklappern herrscht (Mt. 8,12; 13,42; 22,13 etc.).

Auferstehung und Gericht

Auferstehung und endzeitliches Gericht sind in der Bibel untrennbar miteinander verbunden. Im Älteren Testament wird es in Dan. 12, 2 erwähnt:

"Und viele, die unter der Erde schlafen liegen, werden aufwachen, die einen zum ewigen Leben, die andern zu ewiger Schmach und Schande."

Diese Tatsache wird in Offb. 20,12f bestätigt:

"Und ich sah die Toten, gross und klein, stehen vor dem Thron, und Bücher wurden aufgetan. Und ein anderes Buch wurde aufgetan, welches ist das Buch des Lebens. Und die Toten wurden gerichtet nach dem, was in den Büchern geschrieben steht, nach ihren Werken. Und das Meer gab die Toten heraus, die darin waren, und der Tod und sein Reich gaben die Toten heraus, die darin waren; und sie wurden gerichtet, ein jeder nach seinen Werken."

Auferstehung und Gericht bilden den Anfang der endzeitlichen neuen Welt. Die Zeit des verminderten Lebenszustandes ist mit der Auferstehung beendet. Auferstehung bedeutet neues Leben, an dem der Mensch in seiner Ganzheit als Körper und Seele beteiligt sein wird. Das Gericht wird nämlich über beide ergehen. Folgendes Gleichnis aus der jüdischen Überlieferung macht das deutlich:

Gleichnis von den Parkwächtern[86]

"Wenn sich eine Seele unwissentlich versündigt" (Lev. 4,2). *In der Zukunft bringt der Heilige, gelobt sei Er, die Seele herbei und sagt zu ihr: Warum hast du die Gebote übertreten? Aber sie sagt: Der Leib hat die Gebote übertreten! Seitdem ich aus ihm gegangen bin, habe ich da etwa gesündigt? Dann sagt er zum Leib:*

---

[86] TanB Wajikra § 12

Warum hast du die Gebote übertreten? Er sagt zu ihm: Die Seele hat gesündigt! Seitdem die Seele aus mir gegangen ist, habe ich da etwa gesündigt? Was tut der Heilige, gelobt sei Er? Er bringt beide zusammen und richtet sie miteinander.

Wem gleicht die Sache?
Gleich einem König,
der einen Park hatte, in dem er
Weintrauben und Feigen
und Granatäpfel und Frühfeigen hatte.
Der König sagte:
Wenn ich einen Aufseher hineinsetze,
und er tritt an, um ihn zu bewachen,
dann isst er selbst die Frühfeigen.
Er setzte zwei Wächter da hinein,
einen Lahmen und einen Blinden.
Sie sassen nun da und bewachten den Park.
Der Lahme sagte zum Blinden:
Ich sehe schöne Frühfeigen im Park,
komm lass mich auf dir reiten -
wir nehmen und essen sie.
Der Lahme ritt nun auf dem Blinden
und sie nahmen und assen sie.
Nach einiger Zeit kam der König.
Er suchte Frühfeigen, fand aber keine.
Er sagte zu dem Blinden:
Hast du sie gegessen?
Der sagte zu ihm: Habe ich etwa Augen?
Er sagte zum Lahmen:
Hast du die gegessen?
Der sagte zu ihm: Habe ich etwa Füsse?

Er liess den Lahmen
auf dem Blinden reiten
und richtete beide miteinander.

Und auch der Heilige, gelobt sei Er, bringt die Seele und wirft sie in den Leib, wie es heisst: 'Er ruft dem Himmel droben zu' (Ps. 50,4) das ist die Seele, 'und der Erde, um sein Volk zu richten' (Ps. 50,4) das ist der Leib."

Schriftbeweis

Wichtig und interessant sind die Schriftbeweise für die Auferstehung. Jesus selbst sagt in der Auseinandersetzung mit den Sadduzäern, dass die Auferstehung in der Torah (Gesetz) bewiesen sei.

"Jesus aber antwortete und sprach zu ihnen: Ihr irrt, weil ihr weder die Schrift kennt noch die Kraft Gottes. Denn in der Auferstehung werden sie weder heiraten noch sich heiraten lassen, sondern sie sind wie Engel im Himmel. Habt ihr denn nicht gelesen von der Auferstehung der Toten, was euch gesagt ist von Gott, der da spricht: 'Ich bin der Gott Abrahams und der Gott Isaaks und der Gott Jakobs'? Gott ist nicht ein Gott der Toten, sondern der Lebenden." Mt. 22, 29-32

Sie haben sich vielleicht auch schon gefragt, worin denn da der Beweis für die Auferstehung liegt. Dies ist tatsächlich nicht auf Anhieb ersichtlich. Es handelt sich nämlich hier um eine typisch rabbinische Argumentation. Ein ähnliches Beispiel finden wir im Talmud[87]:

"R. Meir hat gesagt: Woher ist die Wiederbelebung der Toten aus der Torah zu erweisen? Ex. 15,1: 'Da wird Mose und die Kinder Israel dem Herrn dieses Lied singen.' Es heisst nicht 'er sang', sondern 'er wird singen'. Von hier aus hat man einen Beweis für die Wiederbelebung der Toten aus der Torah."

---

[87] bSan 91b

Das Vorhandensein der Zukunftsform 'Mose wird singen' ist für die Rabbinen Beweis genug, dass Mose auferstehen wird, sonst kann er ja nicht singen. In derselben Weise argumentiert auch Jesus. Weil es heisst 'Gott ist der Gott Abrahams etc.', ist das der Beweis, dass Abraham auferstehen wird, denn 'Gott ist ein Gott der Lebenden'. Hiesse es 'Gott war der Gott Abrahams etc.', dann wäre das der Beweis, dass Abraham für immer tot ist. Es ist bezeichnend, dass bei beiden Beispielen der Schriftbeweis mit Bibelstellen aus der Torah geführt wird, denn die Torah besitzt im Judentum oberste Autoriät. Jesus befindet sich mit seiner Argumentation vollkommen innerhalb der rabbinischen Tradition und wurde von seinen Zeitgenossen auch durchaus verstanden.

Aus Mt. 22,29 lernen wir noch etwas Wichtiges für die Auferstehung. Es braucht neben dem Schriftbeweis auch noch die Kraft Gottes. Damit haben wir einen Hinweis von Jesus auf einen weiteren Punkt in der Gelehrtendiskussion um die Auferstehung. Nämlich die Frage, wie denn aus den verwesten Leichnamen, resp. aus den Gebeinen, sofern diese noch vorhanden sind, wieder lebendige Menschen werden können. Zu dieser Frage gibt es in der jüdischen Überlieferung ein treffendes Gleichnis.

Gleichnis vom zweifachen Palastbau[88]

"Einst sprach der Minäer zu R. Ami: Ihr sagt, dass die Toten lebendig werden: sie werden ja in Staub verwandelt: kann denn Staub leben?

---

[88] bSan 91a

Dieser erwiderte: Ich will dir ein Gleichnis sagen, womit dies zu vergleichen ist.

Gleich einem König aus Fleisch und Blut,
der seinen Dienern befahl,
ihm grosse Paläste zu bauen auf einem Platz,
wo weder Wasser noch Erde vorhanden ist.
Sie gingen hin und bauten sie,
aber nach einigen Tagen fielen sie wieder zusammen.
Hierauf befahl er ihnen, sie abermals
auf einem Platz zu bauen, wo Erde und Wasser vorhanden sind.
Diese erwiderten ihm:
wir können es nicht.
Da zürnte er ihnen, indem er zu ihnen sprach:
Ihr habt auf einem Platze gebaut,
wo weder Wasser noch Erde vorhanden war,
um wieviel mehr werdet ihr es da können,
wo Wasser und Erde vorhanden sind."

Das Gleichnis besagt: Wenn Gott den Menschen (und die ganze Welt) aus dem Nichts geschaffen hat, um wieviel mehr kann er ihn dann aus dem Staub (und den evtl. vorhandenen Gebeinen) auferwecken."

Die Bedeutung der Gebeine

Die Gebeine sind das, was im Grabe bleibt. Dadurch also, dass die Gebeine im Grab aufbewahrt sind, ist die Weiterexistenz des Menschen in Ewigkeit gewährt.

Es gibt in der jüdischen Tradition sogar ein Gebet, in dem man Gott bittet, dass die Gebeine im Grab nicht gestört werden und durch Wurm und Made nicht verrotten. Ja, dass Gott den Gebeinen im Grab im Überfluss von der Neschamah (hebr. נְשָׁמָה, Seele/Geist) Fettigkeit zukommen lasse. Die Gebeine sind im Grab, die Neschamah ist in der Totenwelt und wartet auf den Tag der Auferstehung, wo sie zusammen mit den Gebeinen zu einem neuen Menschen wird.

Im Älteren Testament gilt es als Strafe, wenn die Gebeine vernichtet werden. Dies kann geschehen durch Sonne (so z.B. in 2. Sam. 21, wo die Gebeine der Enkelsöhne Sauls der Sonne ausgesetzt werden, damit sie zerfallen), oder wilde Tiere (1. Kg. 21,23: Isebel) oder durch Verbrennen zu Kalk (Am. 2,1 Gott straft die Moabiter, weil sie die Gebeine des Königs von Edom zu Kalk verbrannt haben). Sonne, wilde Tiere und Feuer vernichten Fleisch und Gebein. Diese Tatsache ist auch im Zusammenhang mit dem Geschlecht der Sintflut von Bedeutung, da dieses schon bestraft worden ist, indem die Gebeine nach Rückkehr der Flut an der Sonne vertrockneten und zerfielen.

Was nach der Überlieferung des Älteren Testaments aufersteht, sind die Gebeine:

"Und siehe, da rauschte es, als ich weissagte, und siehe, es regte sich, und die Gebeine rückten zusammen, Gebein zu Gebein." Hes. 37,7

Das ist auch die Anschauung des Neuen Testaments. Bei Paulus in 1. Kor. 15,50 lesen wir:

"Das sage ich aber, liebe Brüder, dass Fleisch und Blut das Gottes-Reich Gottes nicht erben können; auch wird das Verwesliche nicht erben die Unverweslichkeit."

Fleisch und Blut verwesen. Die Gebeine aber bleiben. Sie werden bei der Auferstehung die Stimme Gottes hören:

"Und er sprach zu mir: Weissage über diese Gebeine und sprich zu ihnen: Ihr verdorrten Gebeine, hört des Herrn Wort!" Hes. 37,4

"Wahrlich, wahrlich, ich sage euch: Es kommt die Stunde und ist schon jetzt, dass die Toten hören werden die Stimme des Sohnes Gottes, und die sie hören werden, die werden leben." Joh. 5,25

Daraufhin werden nach Hes. 37 die Gebeine mit Sehnen, Fleisch und Haut überkleidet. Das wiederum hat viel Ähnlichkeit mit dem Bild, das Paulus in 2. Kor. 5,1ff braucht:

"Wir wissen: Wenn unser irdisches Zelt abgebrochen wird, dann haben wir eine Wohnung von Gott, ein nicht von Menschenhand errichtetes ewiges Haus im Himmel. Im gegenwärtigen Zustand seufzen wir und sehnen uns danach, mit dem himmlischen Haus überkleidet zu werden....Solange wir nämlich in diesem Zelt leben, seufzen wir unter schwerem Druck, weil wir nicht entkleidet, sondern überkleidet werden möchten, damit so das Sterbliche vom Leben verschlungen werde."

Paulus schreibt vom irdischen Zelt, das abgebrochen wird, und davon, dass wir dann mit der himmlischen Behausung überkleidet werden. Stellen wir uns das Bild vom Zelt vor: Beim Abbrechen eines Zeltes nimmt man die Zeltplache ab, was stehen bleibt, ist das tragende Gerüst. Die Vorstellung ist nun die: Das Zelttuch wird weggenommen, zerschleisst. Was bleibt, ist das Gerüst, welches mit dem neuen Zelttuch bedeckt wird.

Es liegt nun im Zusammenhang mit Hes. 37 nahe, das Zeltgerüst als Knochengerüst zu deuten und die Zeltplache als sterblichen Leib (Fleisch und Blut). "Entkleiden" steht für sterben, "überkleiden" steht für leben. Die erste Hülle wird also vergehen, weil sie das Reich Gottes nicht erben kann (vgl. 1. Kor. 15,50). Bei der Auferstehung legt Gott aber eine neue Hülle auf das im Grab bewahrte Knochengerüst.

Ein ähnliches Bild, das sich sowohl in der jüdischen Überlieferung wie auch im Neuen Testament findet, ist das Bild vom Weizenkorn:

"Die Königin Kleopatra sprach zu R. Meir: Ich weiss, dass die Toten auferstehen werden, denn es heisst: Sie werden aus der Stadt hervorblühen wie die Pflanzen aus der Erde (Ps. 72,16); werden sie aber nackt auferstehen oder mit Gewändern? Er erwiderte ihr: Dies ist (durch einen Schluss) vom Leichteren auf das Schwerere, von einem Weizenkorn zu folgern: Wenn ein Weizenkorn, das nackt begraben wird, in viele Gewänder gehüllt hervorkommt, um wieviel mehr die Frommen, die in ihren Gewändern begraben werden."[89]

"Wahrlich, wahrlich, ich sage euch: Wenn das Weizenkorn nicht in die Erde fällt und stirbt, bleibt es allein; wenn es aber stirbt, bringt es reiche Frucht." Joh. 12,40

Das Bild wird in allen vier Stellen im Zusammenhang mit Tod und Auferstehung gebraucht und zwar als Schluss vom Leichteren zum Schwereren. Wenn schon das Weizenkorn, das nackt begraben wird, mit vielen Gewändern (Joh. viel Frucht) aus der Erde kommt, um wieviel mehr werden die Toten, die nackt (nur als Knochengerüst) begraben sind, mit

---

[89] bSan 90b vgl. auch bKet 111b und 1. Kor 15,36ff

Kleidern (= Leben, resp. Leib, da Leben nur in einer Körperlichkeit vorstellbar ist.) auferstehen.

Zusammenfassend können wir also sagen, dass an vielen
Stellen im Neuen Testament auf die jüdische Tradition Bezug
genommen wird. Es ist wertvoll, die jüdisch-rabbinische
Überlieferung in die Auslegung des Neuen Testaments mit-
einzubeziehen, da vieles, wie z.B. der Schriftbeweis über die
Auferstehung (Mt. 22), erst auf diesem Hintergrund richtig
verstanden werden kann.

3.9 Ostern - die Auferstehung
des Messias

Wie wir im vorherigen Kapitel gesehen haben, finden sich in
der Bibel einige Hinweise auf das Leben nach dem Tod. Es
gibt eine Welt der Lebenden und eine Welt der Toten, die
beide im Einflussbereich Gottes sind. Wer stirbt, kommt
nicht zu Gott, sondern in die Totenwelt, wo er auf den Tag
der Auferstehung wartet. Die Totenwelt ist unterteilt in ein
Paradies und eine Hölle, die streng voneinander getrennt
sind.

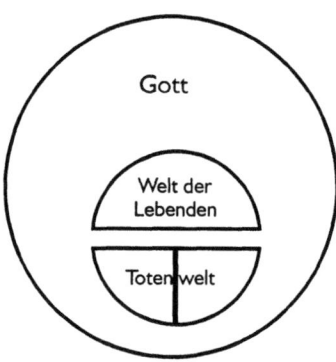

Was geschah genau an Karfreitag? Gott in der Gestalt des Messias ist gestorben, d.h. er ist in die Totenwelt hinübergegangen. Wir finden einen klaren Hinweis dazu in Lk. 23,43:

"Amen, ich sage dir: Heute noch wirst du mir mir im Paradies sein." Luk. 23,43

Das ist allerdings fast unfassbar. Gott als der absolut Heilige und Reine begibt sich in das absolut Unreinste, die Sphäre des Todes. Weshalb? Die Bibel spricht schon sehr früh von der Verheissung, dass einst die ganze Welt der Herrlichkeit Gottes voll sein wird.[90] Das bedeutet, dass das Unreine von dieser Welt verschwinden wird. Dazu war es nötig, diese Macht des Unreinen, der Sünde und des Todes zu besiegen. Als Gott in Jesus selbst in die Totenwelt hinüberging, hat er den Feind auf seinem eigenen Schlachtfeld besiegt. Entsprechend der Verheissung:

"Er wird den Tod verschlingen auf ewig" Jes. 25,8

Eine Verheissung, die Paulus aufgreift, wenn er schreibt:

"Der Tod ist verschlungen vom Sieg. Tod, wo ist dein Sieg? Tod, wo ist dein Stachel?" 1. Kor. 15,54f

Woher wissen wir, dass der Tod resp. die Sphäre des Unreinen wirklich entmachtet ist? Durch die Auferstehung, denn **nur der Sieger kehrt aus der Schlacht zurück!** Wäre Jesus nicht Gott gewesen, hätte er den Tod nicht

---

[90] Num 14,21 vgl. dazu S. 17

besiegen können. Deshalb ist die Auferstehung so zentral wichtig für den jüdischen wie auch für den christlichen Glauben. Dem jüdischen Gläubigen beweist die Auferstehung, dass die Unreinheit besiegt und somit die messianische Zeit angebrochen ist, in welcher auch die "unreinen" Heiden einen Zugang zum Gott Israels finden werden:

*"Der Herr Zebaoth wird auf diesem Berg für **alle Völker** ein Festmahl geben mit den feinsten Speisen, ein Gelage mit erlesenen Weinen, mit den besten und feinsten Speisen, mit besten, erlesenen Weinen.*
Er zerreisst** auf diesem Berg **die Hülle, die alle Nationen verhüllt, und die Decke, die alle Völker bedeckt.
Er beseitigt den Tod für immer." Jes. 25,6-8

Nur durch den Sieg über die Macht der Unreinheit ist es auch für Nichtjuden möglich, ohne Konvertierung zum jüdischen Glauben in eine Beziehung zum Gott Israels zu treten. Für Nichtjuden ist dieser Zugang nur über Jesus den Messias möglich.
Die Osterbotschaft war also auch damals ein gewaltiges Ergeignis, das die Leute kaum fassen konnten.

3.10 Eine neue Synagoge entsteht

Über die Auswirkungen der Osterbotschaft lesen wir in Apg. 2 und 4. Nun ist es aber gerade auch hier wichtig, diese Texte aus jüdischer Perspektive zu betrachten. Sie sind beide sehr kurz und knapp gefasst, aber enthalten eine Menge an Informationen. Für die damaligen Leser war klar, was damit gemeint war, nicht aber für uns, die wir nicht mit der jüdischen Tradition vertraut sind. Unser Sozialwesen ist ganz anders strukturiert und wird nicht mehr von der religiösen Gemeinde, sondern vom Staat getragen. So kommen wir nicht umhin, wenn wir die Texte in Apg. 2 und 4 richtig verstehen wollen, uns eingehend mit den Gepflogenheiten der jüdischen Gemeinden in biblischer Zeit vertraut zu machen, einer Zeit, in der man weder Pensionskassen noch Altersrenten noch Arbeitslosenversicherung kannte. Deshalb soll der soziale Hintergrund der damaligen Zeit ausgeleuchtet werden, um so zu einem besseren Verständnis der Berichte über die neue Synagogengemeinde zu kommen.

Apg. 2,41-47

"41 Die nun, die sein (sc. Petrus) Wort annahmen, liessen sich taufen. An diesem Tag wurden (ihrer Gemeinschaft) etwa dreitausend Menschen hinzugefügt. 42 Sie hielten an der Lehre der Apostel fest und an der Gemeinschaft, am Brechen des Brotes und an den Gebeten....

44 Und alle, die gläubig geworden waren, waren beieinander und hatten alles gemeinsam. 45 Sie verkauften Hab und Gut und gaben davon allen, jedem soviel, wie er nötig hatte. 46 Tag für Tag verharrten sie einmütig im Tempel, brachen in ihren Häusern das Brot, hielten die Mahlzeiten mit Freude und lauterem Herzen. 47 Sie lobten Gott und waren zum ganzen Volk gütig. Der Herr aber fügte täglich zu ihrer Gemeinschaft hinzu, die gerettet wurden.

Apg. 4,32-37

32 Die Menge der Gläubigen aber war ein Herz und eine Seele; auch nicht einer sagte von seinen Gütern, dass sie sein wären, sondern es war ihnen alles gemeinsam. 33 Mit grosser Kraft bezeugten die Apostel die Auferstehung des Herrn Jesus und grosse Gnade war bei ihnen allen. 34 Es war auch keiner unter ihnen, der Mangel hatte; denn wer von ihnen Grundstücke oder Häuser besass, verkaufte sie und brachte das Geld für das Verkaufte 35 und legte es den Aposteln zu Füssen; und man gab einem jeden, was er nötig hatte. 36 Josef aber, der von den Aposteln Barnabas genannt wurde - das heisst übersetzt: Sohn des Trostes -, ein Levit, aus Zypern gebürtig, 37 der hatte einen Acker und verkaufte ihn und brachte das Geld und legte es den Aposteln zu Füssen."

Um diese Texte verstehen zu können, müssen wir zuerst einiges über die Situation in Jerusalem wissen. Damals wohnten in Jerusalem viele ausländische Juden (vgl. Apg. 2,5). Das hatte seinen Grund einerseits darin, dass in Jerusalem der Tempel stand. Andererseits aber war man der Überzeugung, dass der Messias, wenn er kommt, in Jerusalem erscheinen wird. In einem jüdischen Bibelkommentar findet sich z.B. folgendes Zitat:

"Unsere Lehrer haben gelehrt: Wenn sich der König, der Messias, offenbaren wird, wird er kommen und auf dem Dach des Heiligtums stehen."[91]

Ebenso war man der Auffassung, dass der Messias mit der Auferweckung der Toten in Jerusalem beginnen wird. Es gab

---

[91] PesR 36 (162a)

auch Rabbinen, die die Meinung vertraten, nur die Toten in Israel würden an der Auferstehung am Jüngsten Tag teilnehmen:

"R. *Eleazar sagte: Die Toten ausserhalb des Landes werden nicht auferstehen, denn es heisst: Ich gebe Lust im Lande der Lebenden (Hes 26,20). Die Toten des Landes, an dem ich Lust habe, werden leben, die Toten des Landes, an dem ich keine Lust habe, werden nicht leben.*"[92]

Demnach war es nur von Vorteil, in Jerusalem begraben zu sein. So zog mancher frommer Jude, wenn er in seinem Geburtsland in der Diaspora sein Geschäft altershalber dem Sohn übergeben hatte, mit seiner Frau nach Jerusalem, um dort seinen Lebensabend zu verbringen und auf die Ankunft des Messias zu warten. So war man bei der Auferstehung unter den ersten, die den Messias begrüssen konnten, falls der Messias nicht noch zu Lebzeiten kam. Wer es irgendwie vermochte, setzte alles daran, sich in Jerusalem einen Grabplatz zu erwerben. Dies war in Jerusalem nicht unbedingt eine billige Angelegenheit und ist es auch heute noch nicht. Denn bis auf den heutigen Tag ist es so, dass man sich in Israel seinen Grabplatz kaufen muss. Dieses Stück Land gehört einem dafür bis zur Auferstehung der Toten.
Wer aus dem Ausland eingewandert war, schloss sich in der Regel in Jerusalem der Synagoge seines Heimatlandes an. Dort war man in einer Art landmannschaftlicher Genossenschaft zusammengeschlossen. Apg. 6,9 erwähnt die Synagoge der Libertiner, der Kyrenäer und der Alexandriner.

---

[92] bKet I I Ia

Auch in rabbinischen Quellen finden sich Angaben über die Synagoge der Alexandriner[93]. Neue Ankömmlinge fanden so Anschluss an ihre Landsleute in Jerusalem.

So sah in etwa die Situation in Jerusalem an Pfingsten aus, als die neue Synagogengemeinde entstand.

Im Pfingstbericht in Apg. 2,41 heisst es, dass sich an einem Tag ungefähr dreitausend Menschen taufen liessen. Man muss sich das vorstellen: Sieben Wochen, nachdem Jesus als Gotteslästerer gekreuzigt worden war, bekennen sich mit einem Mal Tausende zu ihm als dem Messias Israels. Auf dem Hintergrund des vorher Gesagten verstehen wir, was das heisst: Diese dreitausend Juden, die sich zu Jesus als dem Messias bekannten, bildeten dadurch eine neue Synagogengemeinschaft. Sie gehörten von nun an nicht mehr länger zur Synagoge ihrer Landsleute oder ihrer Familie, sondern organisierten sich selber als Synagoge (Kirchen gab es damals noch keine!).

Diese neue Gemeinde hatte aber von Anfang an mit wirtschaftlichen Schwierigkeiten zu kämpfen. Aus der Beschreibung der sozialen Not dieser Gemeinde kann man schliessen, dass viele ihrer Mitglieder nicht mehr im Erwerbsleben standen, sondern wahrscheinlich zu diesen "pensionierten" Juden aus dem Ausland gehörten. Auch die Bemerkung, dass sie viel Zeit im Tempel verbrachten, scheint darauf hinzuweisen. Leute, die unterstützungsbedürftig waren, gab es auch in den anderen Synagogen. Nicht alle, die aus der Diaspora zuzogen, waren wohlhabende Leute. Ebenso gab es eine Anzahl Witwen und Waisen. Die Synagogen hatten zu diesem Zweck ein eigenes Fürsorgesystem eingerichtet. Es

---

[93] vgl. z.B. yMeg 73d

gab in jeder Synagoge Armenvorsteher, die jeden Tag Speisen für die Armen sammelten.

Man nannte das "Armenschüssel" (hebr. Tamchui)[94]. Diese Armenschüssel wurde täglich verteilt an wandernde Arme und bestand aus Nahrungsmitteln (Brot, Bohnen und Hülsenfrüchte). Daneben gab es aber auch noch die "Armenbüchse" (hebr. Quphah). Diese wurde wöchentlich, an jedem Vorabend des Sabbats[95], an die Armen der Stadt verteilt und bestand aus Nahrungsmitteln und Kleidung für eine Woche. Nebst der eigenen Armenfürsorge bekamen diese landmannschaftlichen Synagogen wahrscheinlich auch Unterstützung aus dem Heimatland in der Diaspora.

Für die neue Gemeinde fiel diese Unterstützung aus der Diaspora weg. Sie mussten zunächst nach dem bekannten Vorbild ein eigenes Fürsorgesystem einrichten. In Kap. 2,45 wird ganz knapp darüber berichtet:

"Sie verkauften Hab und Gut"

Die Übersetzung ist irreführend. Die beiden griechischen Wörter, die hinter der deutschen Übersetzung von Hab und Gut stehen heissen:

ta hyparchonta - τὰ ὑπάρχοντα

ta ktämata - τὰ κτήματα.

Hyparchonta bedeutet nicht einfach den gesamten Besitz, sondern das, worüber man verfügen kann. D.h. jenes Geld, das nach Abzug aller Lebenskosten, wie Wohnung, Nahrung, Altersvorsorge, Rücklagen für die Kinder etc. noch übrig-

---

[94] mPea VIII,7

[95] vgl. dazu: bBB 8b

bleibt. Der Überschuss, den man zum Leben nicht nötig hat. Mit ktämata sind die erworbenen Güter gemeint, die man nicht geerbt hatte (Erbbesitz war unantastbar), sondern sich von seinem Vermögen (hyparchonta) angeschafft hatte.

Im Zusammenhang mit Apg. 2 bedeutet das nun, dass nicht jeder einfach alles, was er hatte, verkaufte, sondern jeder verkaufte, was er entbehren konnte, und gab den Erlös in die Armenbüchse (s. oben). Nach der Mischnah ist es z.B. gar nicht erlaubt, sein ganzes Vermögen dem Heiligtum zu weihen[96]. Im babylonischen Talmud wird ein Ort erwähnt, an dem es nicht erlaubt war, mehr als ein Fünftel des Vermögens für Mildtätigkeit zu verwenden[97]. Ein weiterer Hinweis findet sich in Apg. 4,32:

"Auch nicht einer sagte von seinen Gütern (hyparchonta), dass sie sein wären, sondern es war ihnen alles gemeinsam."

Um vorerst zu Geld zu kommen, verkauften die Mitglieder der neuen Gemeinde Grundstücke und Häuser. Es ist sehr bemerkenswert, dass der Vers, der dem Grundstückverkauf vorausgeht, davon spricht, dass die Apostel die Auferstehung des Herrn Jesus mit grosser Kraft bezeugten (4,33.34). Irgendwie muss dieser Grundstückverkauf etwas mit der Botschaft der Auferstehung zu tun haben, aber was?

Zuerst müssen wir uns darüber klar werden, was für eine Art Grundstücke gemeint ist. Es handelte sich wohl kaum um Äcker, die bebaut wurden. Es wäre ja nicht sinnvoll, Ackerland zu verkaufen, wenn man dringend Nahrungsmit-

---

[96] mAr VIII,4
[97] bKet 50a

tel braucht. Viel wahrscheinlicher ist, dass es bei diesen Grundstücken um Grabplätze ging. Das Wort für Grundstück/Acker im Griechischen und im Herbräischen (χωρίων - chorion, ἄγρος - agros, hebr. שָׂדֶה - sadäh) bezeichnet ein Stück Land ausserhalb der Stadt. Es war nämlich vorgeschrieben, dass Grabplätze einen gewissen Abstand von der Stadt haben mussten. So heisst es in der Mischnah:

"Man entferne...Gräber...fünfzig Ellen von der Stadt (wegen des Geruches)"[98].

Auch das Grundstück, auf welchem sich die Höhle Machpela befand, in welcher Abraham Sarah begrub, wird "sadäh", resp. "agros" genannt.

Noch aus einem weiteren Grund können wir annehmen, dass es sich bei diesen Grundstücken um Grabplätze gehandelt hat. Wir haben oben erwähnt, dass jeder Jude wenn immer möglich versuchte, einen Grabplatz in Jerusalem zu kaufen, um bei der Ankunft des Messias am Ort zu sein. Diese dreitausend Juden, die mit einem Schlag erkannt hatten, dass in Jesus der Messias schon gekommen war, mussten nicht mehr ein Grab in Jerusalem haben. Der Messias war bereits gekommen, man musste nicht mehr in Jerusalem auf ihn warten. Grabplätze waren zudem eine begehrte Sache. Es war kein Problem, sie teuer zu verkaufen. Mit dem Verkauf dieser Grabplätze war diese neue Synagoge ein ungeheures Zeugnis für ihre Umgebung und man löste erst noch sehr viel Geld. Sie bezeugte durch diesen Verkauf, dass der Messias Israels gekommen war. Seinen Grabplatz zu ver-

---

[98] mBB II,9

kaufen war etwas Unvorstellbares in den Augen der Jerusalemer Bevölkerung. Viele mussten gedacht haben, sie seien völlig verrückt. Deshalb bewirkte diese Tat mehr als tausend Worte. Darin liegt das grosse Zeugnis der neuen Synagogengemeinde. Doch auch das Geld aus dem Erlös der Grabplätze war einmal aufgebraucht, sodass Paulus auf seinen Reisen immer wieder Geld für die Gemeinde in Jerusalem sammelte, wiederum ganz nach dem Vorbild der Synagogen, die auch Unterstützung aus dem Ausland bekamen.

Aus dem oben Erwähnten sehen wir, dass die Aussagen in der Apostelgeschichte über die Gütergemeinschaft und die "gemeinsame Kasse" sich durchaus innerhalb des damals üblichen Armenfürsorgesystems bewegen. Diese neue Gemeinde war nichts anderes als eine neue Synagoge innerhalb der Synagogen Jerusalems.

Ihr spezielles Zeugnis bestand nicht in ihrem Fürsorgesystem, sondern im Verkauf der Grabplätze und dem damit verbundenen Zeugnis, dass der Messias gekommen war.

Anhang

Stichwortverzeichnis

Bibelstellennachweis

Rabbinische Literatur

Worterklärungen

Zitate an den Kapitelanfängen

Literaturvereichnis

Stichwortverzeichnis

Bibelstellennachweis

Rabbinische Literatur

Hebräische Worterklärungen

aman	Wurzel des Verbs *glauben*
lamnazeach	auf den, der siegt
ani hu	ich bin es, wörtlich *Ich bin Er*
Avon	böse Gesinnung
Chatat	Verfehlung
darasch	suchen, fragen
Emunah	Glaube
gamar	vollenden, lernen
Gan Eden	Paradies
Gehinnom	Hölle
Gemara	Text der Mischnah und deren Auslegung
Gemilut chasadim	Liebeserweisungen, Liebeswerke
Halachah	Wegweisung, Anweisung zum praktischen Handeln
Kavana	Ausgerichtetsein auf Gott
Kavod	Licht, Glanz, Lichtglanz, Ehre, Gewicht
lamad	lernen
Midrasch	Bibelauslegung
Mizwa	Gebot, gute Tat
Nephesch, Neschamah, Neschamat chajim	Seele, Leben, Person, Wunsch, Geist Lebensodem
Nisan	gemäss der jüdischen Tradition der Monat der messianischen Erlösung
Pescha	Vergehen
Poretz	Durchbrecher
Qal WaChomer	Schluss vom Leichteren zum Schwereren
Quphah	Armenbüchse
Rav Chesed weEmet	von grosser Gnade und Wahrheit
Rosch	Kopf
Rosch pina	Eckstein
Sadäh	Grundstück, Acker
schanah	wiederholen
Scheol	Totenwelt
Tamchui	Armenschüssel
Torah	Weisung
Zedakah	Almosen, auch Gerechtigkeit

Zitate an den Kapitelanfängen

Kapitel 1
HESCHEL, ABRAHAM JOSHUA, Die ungesicherte Freiheit, Essays zur menschlichen Existenz, Neukirchener Verlag, 1985, S. 137

Kapitel 2
FLUSSER, DAVID, Entdeckungen im neuen Testament, Band 1 Jesusworte und ihre Überlieferung, hrsg. von Martin Majer, Neukirchener Verlag 1987 S.13.14.16.17

Kapitel 3
HESCHEL, ABRAM JOSHUA, Gott sucht den Menschen, Eine Philosophie des Judentums, JVB, 5. Auflage 2000, S. 104f

Literaturverzeichnis

Textausgaben

ברפוס והוצאות האלמנה והאחים ראם ,תלמוד בבלי
ווילנא, 1981

קצר על פי הוצאת קראתאשין ,תלמוד ירושלמי
עם פירוש, הוצאת ספרים "שליה" ירושלים

משניות MISCHNAJOT, Die sechs Ordnungen der Mischna, Hebräischer Text mit Punktation, deutscher Übersetzung und Erklärung, Victor Goldschmidt Verlag Basel, dritte Auflage 1986

מפורש פירוש מרעי חרש בידי משה אריה ,מדרש רבה
מירקין ,הוצאת "יבנה" תל-אביב

מהדורה שניה האראוויטץ-רבין ,מכילתא דרבי ישמעאל
ירושלים תש"ל

מבוא גדול ממני שלמה באבער ,מדרש תנחומא.
נדפוס בארץ ישראל

ראם ווילנא ירושלים ,המכונה שוחר טוב ,מדרש תהלים
תשל"ז

ירושלים ,קהלת רבה ,מדרש רבה המבואר

Übersetzungen

BIETENHARD, HANS, Midrasch Tanchuma B, R. Tanchuma über die Tora, genannt Midrasch Jelammedenu, Band 1 und 2, Judaica et Christiana Bd. 5 und 6, Peter Lang Bern 1982

FIEBIG, PAUL, Die Gleichnisreden Jesu im Lichte der rabbinischen Gleichnisse des neutestamentlichen Zeitalters, J.C.B. Mohr Tübingen 1912

LOHSE, EDUARD, Hrsg. Die Texte aus Qumran, Hebräisch und Deutsch, Wissenschaftliche Buchgesellschaft, Darmstadt 4. Aufl. 1986

HIRSCH SIDDUR, Israels Gebete übersetzt und erläutert von Samson Raphael Hirsch, Morascha Zürich-Basel 1992

SIDDUR SCHMA KOLENU, Ins Deutsche übersetzt von Raw Joseph Scheuer, Verlag Morascha Basel/Zürich 1997

SIDUR SEFAT EMET, Mit deutscher Übersetzung von Rabbiner Dr. S. Bamberger, Victor Goldschmidt-Verlag Basel 1978

עבודה שבלב, Der Gottesdienst des Herzens, Israelitisches Gebetbuch für die öffentliche und Privatandacht, Dritte Ausgabe, 1. Band, Friedrich Korn'sche Buchhandlung Nürnberg 1914

העבודה שבלב - der Gottesdienst im Herzen, Gebetbuch für Wochentage, Schabbatot und Feiertage (ausgenommen die hohen Feiertage), Jüdische Liberale Gemeinde "Or Chadasch" Zürich

תלמוד בבלי DER BABYLONISCHE TALMUD, Nach der ersten zensurfreien Ausgabe unter Berücksichtigung der neueren Ausgaben und handschriftlichen Materials neu übertragen durch Lazarus Goldschmidt, dritte Auflage, Jüdischer Verlag Königstein/Ts. 1980

נעתקים מלשון יון ללשון עברית, ספרי הברית החדשה על ידי החכם פראפעסאר פראנץ דעליטש
Trinitarian Bible Society, London 1985

בעברית בת זמננו עם הארות, הברית החדשה מבוארת וציון מקורות יהודיים ואחרים
The Bible Society in Israel 1991

תורה נביאים וכתובים והברית החדשה, ספר הבריתות
The Bible Society in Israel 1991

הברית החדשה נסח הפשיטתא בארמית עם, קימא חדתא תרגום עברי, החברה לכתבי הקרוש ירושלים 1986

RASCHI, Pentateuchkommentar, Vollständig ins Deutsche übertragen und mit einer Einleitung versehen von Rabbiner Dr. Selig Bamberger, Victor Goldschmidt Verlag Basel, 3. Auflage 1975

THOMA, CLEMENS/LAUER, SIMON, Die Gleichnisse der Rabbinen, Erster Teil Pesiqta deRav Kahana (PesK), Judaica et Christiana Bd. 10, Peter Lang Bern 1986

THOMA, CLEMENS/LAUER, SIMON, Die Gleichnisse der Rabbinen, Zweiter Teil Von der Erschaffung der Welt bis zum Tod Abrahams: Bereschit Rabba 1-63 Judaica et Christiana Bd. 13, Peter Lang Bern 1991

THOMA, CLEMENS/ERNST, HANSPETER, Die Gleichnisse der Rabbinen Dritter Teil, Von Isaak bis zum Schilfmeer, BerR 63-100; ShemR 1-22, Judaica et Christiana Bd. 16, Peter Lang Bern 1996

WINTER, JAKOB/ WÜNSCHE, AUGUST, Mechilta, ein tannaitischer Midrasch zu Exodus, erstmalig ins Deutsche übersetzt und erläutert, J.C. Hinrichs, Leipzig 1909

WÜNSCHE, AUGUST, Midrasch Tehillim oder Haggadische Erklärung der Psalmen nach der Textausgabe von Salomon Buber, zum ersten Male ins Deutsche übersetzt, Siegmund Mayer, Trier 1892

WÜNSCHE, AUGUST, Der Jerusalemische Talmud in seinen haggadischen Bestandteilen, zum ersten Male ins Deutsche übertragen, Reprint der Ausgabe Zürich 1980, Georg Olms Verlagsbuchhandlung Hildesheim 1967

BIBLIOTHECA RABBINICA, Eine Sammlung alter Midraschim, zum ersten Male ins Deutsche übertragen von August Wünsche, 5 Bde, Georg Olms Verlag Hildesheim 1993, Nachdruck der Ausgabe Leipzig 1880

Nachschlagewerke

BACHER, WILHELM, die exegetische Terminologie der jüdischen Traditionsliteratur, Georg Olms Verlag Reprint 1990

BAUER, WALTER, Griechisch-deutsches Wörterbuch zu den Schriften des Neuen Testaments und der übrigen urchristlichen Literatur, 5. verbesserte und stark vermehrte Auflage, Walter de Gruyter Berlin 1971

DALMAN, GUSTAV D., Aramäisch-Neuhebräisches Handwörterbuch zu Talmud und Midrasch, J. Kauffmann Verlag, Frankfurt 1922

EVEN-SHOSHAN, ABRAHAM, A New Concordance of the Bible, Thesaurus of the Language of the Bible Hebrew an Aramaic Roots, Words, Proper Names, Phrases and Synonyms, Kiryat Sefer Publishing House Ltd., Jerusalem 1996

GESENIUS, WILHELM, Hebräisches und aramäisches Handwörterbuch, 17. Auflage unveränderter Neudruck, Springer Verlag Berlin 1962

JASTROW, MARCUS, A Dictionary of the Targumim, the Talmud Babli and Yerushalmi, and the Midrashic Literature, Printed in Israel

246

PHILO-LEXIKON, Handbuch des jüdischen Wissens, Philo-Verlag GmbH,
  Berlin 1935
STRACK, HERMANN L./ BILLERBECK, PAUL, Kommentar zum neuen
  Testament aus Talmud und Midrasch, Beck'sche Verlagsbuchhandlung
  München 8. Auflage 1982

אוצר האגדה מהמשנה והתוספתא, הרב משה דוד גרוס
והתלמודים והמדרשים וספרי הזוהר, הוצאת מוסד
הרב קוק, ירושלים תשמ״ו
על תורה, ספר תורה הכתובה והמסורה, הימן אהרון
נביים וכתובים. הוצת דביר 1979 תל אביב

Sekundärliteratur

ADLER, LEO, Religion der geheiligten Zeit, Die biblischen Festzeiten und
  das Judentum, Ernst Reinhardt Verlag München/Basel 1967
BORNHÄUSER, KARL, Das Wirken des Christus durch Taten und Worte,
  C. Bertelsmann, Gütersloh 1924
BORNHÄUSER, KARL, Die Bergpredigt, Versuch einer zeitgenössischen
  Auslegung, C. Bertelsmann, Gütersloh 1927
BORNHÄUSER, KARL, Das Johannesevangelium, eine Missionsschrift für
  Israel, C. Bertelsmann, Gütersloh 1928
BORNHÄUSER, KARL, Die Gebeine der Toten, C. bertelsmann, Güters-
  loh, 1921
BÜHLMANN, WALTER, Wie Jesus lebte, vor 2000 Jahren Palästina, Woh-
  nen, Essen, Arbeiten, Reisen, Rex-Verlag Luzern/Stuttgart 1987
CAVALLIN, H.C.C., Life after Death, Paul's argument of the resurrection of
  the dead in 1. Cor. 15, Conjectanea biblica, New Testament Series,
  Lund Sweden 1974
DSCHULNIGG, PETER, Rabbinische Gleichnisse und das Neue Testament,
  die Gleichnisse der PesK im Vergleich mit den Gleichnissen Jesu und
  dem Neuen Testament, Judaica et Christiana Bd. 12, Peter Lang Bern
  1988
FLEISCHMANN, LEA, Schabbat, Das Judentum für Nichtjuden verständlich
  gemacht, Rasch und Röhring 1997

FLUSSER, DAVID, Entdeckungen im neuen Testament, Band 1 Jesusworte und ihre Überlieferung, hrsg. von Martin Majer, Neukirchener Verlag 1987

FLUSSER, DAVID, Rabbinische Gleichnisse und der Gleichniserzähler Jesus, erster Teil das Wesen der Gleichnisse, Judaica et Christiana Bd. 4, Peter Lang Bern 1981

FLUSSER, DAVID, Jesus, The Magnes Press, The Hebrew Universitiy, Jerusalem 2. Aufl. 1998

FLUSSER, DAVID, Judaism and the Origins of Christianity, The Magnes Press, The Hebrew Universitiy, Jerusalem 1988

HESCHEL, ABRAM JOSHUA, Die ungesicherte Freiheit, Essays zur menschlichen Existenz, Neukirchener Verlag 1985

HESCHEL, ABRAM JOSHUA, Gott sucht den Menschen, Eine Philosophie des Judentums, JVB, Berlin, 5. Auflage 2000

HESCHEL, ABRAM JOSHUA, Der Mensch fragt nach Gott, Untersuchungen zum Gebet und zur Symbolik, Neukirchener Verlag, 3. Auflage 1993

HESCHEL, ABRAM JOSHUA, Der Sabbat, Seine Bedeutung für den heutigen Menschen, Neukrichener Verlag 1990

HIRSCH, SAMSON RAPHAEL, Der Pentateuch, übersetzt und erläutert, 5 Bde., J. Kauffmann, Frankfurt, 5. Auflage 1911,

LAMSA, GEORGE M., Die Evangelien in aramäischer Sicht, Max Burri Neuer Johannes Verlag Gossau-St. Gallen, 9. Auflage 1963,

LAU, ISRAEL M., Wie Juden leben, Gütersloher Verlagshaus Gerd Mohn 1988

MAIMON, MOSHE BEN, Die Hilchot Teschubah, Ins Deutsche übertragen und mit kurzen Noten versehen von Bernhard S. Jacobson, Reprint 1988, Feldheim Publishers Jerusalem,

NAVÈ LEVINSON, PNINA, Einführung in die rabbinische Theologie, Wissenschaftliche Buchgesellschaft Darmstadt, 2.Auflage 1987

NAVÈ LEVINSON, PNINA, Was wurde aus Sarahs Töchtern? Frauen im Judentum, Gütersloher Verlagshaus Gerd Mohn, 3. Auflage 1993

VON RAD, GERHARD, Theologie des Alten Testaments, Bd. 1 und 2, Chr. Kaiser Verlag München 1987

SCHMID-GRETHER, SUSANNE, Auge um Auge, Zahn um Zahn, Texte aus der Bergpredigt auf dem jüdischen Hintergrund neu gelesen und verstanden, JCFV Wetzikon 1999

SCHMID-GRETHER, SUSANNE, Gleich einem tiefen Brunnen voll Wasser..., Neutestamentliche Gleichnisse auf dem jüdischen Hintergrund neu gelesen und verstanden, JCFV Wetzikon 1998,

SCHUBERT, KURT, Die Entwicklung der Auferstehungslehre von der nachexilischen bis zur frührabbinischen Zeit, in BZ neue Folge 6 (1962) S. 177-214

STEMBERGER, GÜNTHER, Zur Auferstehungslehre in der rabbinischen Literatur, in Kairos 15, 1973, S. 238-266

STEMBERGER, GÜNTHER, Einleitung in Talmud und Midrasch, Achte neu bearbeitete Auflage, Verlag C.H. Beck München, 8. Auflage 1992

THOMA, CLEMENS/WYSCHOGROD, MICHAEL, Editors, Parable and Stories in Judaism and Christianity: Paul Michel, "Figurative Speech: Function, Form, Exegesis - A Linguistic Approach", S. 136-158

URBACH, EPHRAIM E., The Sages - Their Concepts and Beliefs, At the Magnes Press, the Hebrew Universitiy, Jerusalem 1987

YOUNG, BRAD H., Paul the Jewish Theologian, A Pharisee among Christians, Jews and Gentiles, Hendrickson 1997

YOUNG, BRAD H., Jesus the Jewish Theologian, Hendrickson 1995